9/18

Teatro Documental

HUMBERTO ROBLES

Teatro Documental

Primera edición: Editorial Círculo Cultural, 2016   Redwood City, California, Estados Unidos de Norteamérica

Diseño de portada: Carol Barragán

Cuidado editorial: Editorial Casa Círculo Cultural

CONTENIDO

MUJERES DE ARENA

MUJERES DE ARENA

-TESTIMONIOS DE MUJERES EN CIUDAD JUÁREZ -

Teatro-documental con textos de Antonio Cerezo Contreras, Marisela Ortiz, Denise Dresser, Malú García Andrade, María Hope, Eugenia Muñoz, Servando Pineda Jaimes y Juan Ríos Cantú
Dramaturgia: Humberto Robles

Esta obra está dedicada a la memoria de Pável González, asesinado en la Ciudad de México el 23 de abril de 2004. ¡Contra el olvido y la impunidad!

La obra se estrenó en el zócalo de la Ciudad de México, en el marco del Día Internacional contra la violencia hacia las mujeres y las niñas, el 24 de noviembre de 2002, con Vanessa Bauche, Carmen Huete, Laura De Ita, Laura Hidalgo, Hilda Nájera y Juan Ríos Cantú. Posteriormente estuvo en temporada en el Teatro La Capilla con Selma Beraud, Carmen Huete, Marcela Morett, Mercedes Hernández y Jorge Fratta, del 19 de octubre al 14 de diciembre, 2004. Durante 2005 y 2006 se dieron funciones en varios espacios alternativos.

Desde entonces a la fecha, esta obra ha sido montada por más de 150 grupos amateurs y profesionales en varias ciudades de México, Alemania, Argentina, Australia, Canadá, Chile, Colombia, Costa Rica, Cuba, España, Estados Unidos, Inglaterra, Italia, Repúbica Dominicana y Uruguay. Se ha transmitido tres veces por radio: por *Radio Mujer* en Guadalajara, México en 2007, por *Radio Testimonios* en Montevideo, Uruguay en 2008, y por *Radio SBC* de Sydney, Australia, en 2010.

La idea de la obra surgió al ver a las madres y familiares de las víctimas del feminicidio dando pláticas y conferencias sobre el tema; ellas y ellos se sientan tras una mesa y comienzan a dar sus testimonios, así como a informar, denunciar y proporcionar datos sobre estos asesinatos. Lo que la obra intenta reproducir en escena es justamente esto.

Entre escena y escena se sugiere que haya acompañamiento musical, ya sea con una guitarra, otros instrumentos o música grabada.

Por último, se sugiere que los integrantes vistan ropas en blanco y negro.

Organizaciones que han apoyado esta obra:
Nuestras Hijas de Regreso a Casa

www.nuestrashiasderegresoacasa.blogspot.com
Comité Cerezo www.espora.org/comitecerezo/
Comité Pável González http://pavelgonzalezg.blogspot.mx
En Uruguay además ha sido apoyada por el colectivo *Mujeres de Negro* y en Italia, México y España por *Amnistía Internacional.*

PRÓLOGO[1]

Mujeres de Arena es una sensible obra teatral de denuncia creada con profundo sentido humano por Humberto Robles, el artista de alma noble y generosa, a quien conocí en el 2002 gracias a Vanessa Bauche. Desde ese momento, puso todo su empeño y su corazón para apoyar el movimiento de familiares de mujeres asesinadas y desaparecidas que apenas iniciábamos un año antes bajo el nombre de *Nuestras Hijas de Regreso a Casa*, un grupo de mujeres, quienes además de intentar toda posibilidad para encontrar la justicia, nos íbamos inventando estrategias para difundir estas terribles tragedias y llamar así la atención de la ciudadanía, además de la de nuestros gobiernos y autoridades para que voltearan su mirada a este enorme problema y generaran acciones que al menos, frenaran este tipo de violencia que afectaba de diversas maneras a nuestra comunidad, que ha dejado secuelas dolorosas y difíciles de restablecer en muchas familias habitantes de esta frontera al norte de México: Ciudad Juárez. Fue entonces que intervino Humberto Robles, quien con su gran sensibilidad siempre encuentra la manera de apoyar causas difíciles aportando sus saberes.

Jamás hubiéramos avanzado solas en este proceso donde las familias, al tiempo de sufrir el atroz crimen en contra de una de sus hijas, hermanas, etcétera, debieron enfrentar autoridades y funcionarios negligentes, impasibles, omisos y algunos hasta corruptos; además de una población poco solidaria con su desgracia, quizá por el miedo a participar en un tema que es de por sí riesgoso.

Había necesidad pues, de un mínimo soporte, pues la indiferencia incrementa la pena y debilita el espíritu, y con *Mujeres de Arena* empezaron a sentir que se entendía su sufrimiento y esto le daba sentido y aliento a sus esfuerzos para seguir la lucha; y les llenó de fuerza para resistir la cadena de injusticias con que estaría hilada su desventura, consecuencia de su decisión de ir tras la justicia y encontrar la verdad en relación a estos crueles asesinatos, aventurándose a una desigual batalla que pudieron sostener gracias a toda esa gente que, enterada de su infortunio, tomó como herramienta esta obra, y empezó

---

[1] Prólogo del libro "Mujeres de Arena" editado por la editorial "Los Textos de La Capilla" Segunda Época

a romper la indiferencia y mostrar su indignación haciendo suya esta causa, de muy diversas maneras.

Y como segundo impacto, al evidenciar en cada presentación los violentos y desgarradores sucesos en contra de inocentes mujeres casi niñas, así comola
desatención de la autoridad mexicana a este enorme problema; en diversos espacios, en distintos países y diferentes idiomas en que se ha presentado *Mujeres de Arena*, se generaron actos fraternos y solidarios desde instituciones de derechos humanos de importancia mundial como Amnistía Internacional, hasta ciudadanos y ciudadanas en el mundo, quienes presionan por una solución al feminicidio y sus efectos, y que van sumando uno a uno una multitud que se siente e impone.

Cómo no agradecer al escritor y dramaturgo Humberto Robles su creación, si además de lo anterior, algo fundamentalmente intenso y humano, entre todo lo que ha provocado esta obra que da voz a las sin voz: las mujeres de Juárez, es que ha devuelto la dignidad despojada a cada una de las víctimas, al ser denigradas por el propio gobierno y por autoridades que en lugar de buscar a los asesinos y allegar la justicia, prefirió culparlas de su martirio justificando sus muertes con afirmaciones absurdas llenas de injustas ofensas contra una supuesta inmoralidad que "provocó" a los homicidas.

Cómo dejar de tener este sentimiento de profunda gratitud hacia todos y todas aquellas que se han apropiado de *Mujeres de Arena* para representarla con gran sensibilidad y emoción, rompiendo las barreras del desinterés, de la insensibilidad, y muchas otras cosas más que incrementaron el dolor en las familias afectadas. Nuestra admiración y profundo respeto a quienes entregan su tiempo, sus esfuerzos y recursos para apoyar nuestra causa. Y aquí no puedo dejar de mencionar a Mónica Livoni Larco y Gianfranco Mulas, quienes dirigen y organizan las presentaciones con la colaboración de Adelaide Colher Pereira, Oriana Fruscoloni, Anna Ottone y Patrizia Papandrea, quienes se han convertido en nuestros principales colaboradores y se han encargado de difundir de manera emotiva y reivindicativa, en varias localidades de Italia, el drama de las mujeres victimadas, con tal fuerza que motivan a ese público a quien no le interesa ni vestuario ni coreografía ni nada más, porque les roba de inmediato la atención y el corazón y les mueve toda clase de sentimientos y emociones el concentrarse en escuchar los testimonios de estas almas en voces de tan sublimes actrices entregadas y llenas de sentimiento que al representar sus guiones hacen sentir a los asistentes la pérdida como propia, y van develando a los espectadores que las mujeres–niñas a quienes les han arrebatado la vida de manera tormentosa en Ciudad Juárez, fueron tan humanas como sus hijas, tan sencillas y bellas como todas las jóvenes de su edad, con tantas ilusiones y esperanzas para un futuro que ya no llegará, arrancando las lágrimas a veces de dolor, a veces de indignación por los crueles crímenes cometidos que permanecen impunes.

Quizá también habrá que mencionar que algunas de nuestras instituciones disimuladas, empeñadas en borrar de la memoria estos sucesos, probablemente se sientan incómodas y les moleste esta forma de denuncia que propicia la reflexión y facilita el posicionamiento político contra todos aquellos que al no actuar permitieron la reproducción de este patrón feminicida. En todo caso aquí también se cumple una misión, pues no se puede jugar con la inteligencia y los sentimientos de los seres humanos. Ya habremos algún día, todos y todas unidos, hacer que se deje de simular y se resuelva este problema que ha dejado secuelas muy dolorosas, así como otras víctimas inocentes, como es el caso de las mujeres asesinadas que dejaron hijas e hijos huérfanos, y para quienes hemos emprendido un apoyo en el proceso de duelo y un proyecto de fortalecimiento llamado *La Esperanza*, que ha tenido efecto gracias a muchas personas que se sensibilizaron a través de *Mujeres de Arena*. Pensamos que si a causa de tanto tiempo perdido no se da la total justicia, al menos sí se creen mecanismos sociales que impidan nuevos sacrificios y más familias incompletas.

Gracias a esta sensible manera de difundir los dramáticos acontecimientos, hemos hecho acopio de comprensión de miles de personas, una gran suma de buenas voluntades, además de una visión solidaria de compromiso con nuestra comunidad para la cual trabajamos intentando hacer un mejor espacio de vida para nuestras hijas vivas y las generaciones que vienen, porque al fin y al cabo la experiencia también la hacemos nuestra y nos hemos ido fortaleciendo cada vez más gracias al apoyo de quienes luego de entender este fenómeno social tan prolongado, toman la decisión de entregar a esta lucha sus esfuerzos solidarios para emprender junto con nosotras la construcción de un mejor contexto, libre de violencia. Porque si nada pudimos hacer por el pasado, mucho podemos hacer para el futuro.

Gracias Humberto, gracias *Mujeres de Arena*, por abrir los ojos y el corazón a tanta gente. Gracias familias de *Nuestras Hijas de Regreso a Casa*, por darnos la oportunidad de intentar algo y con ello integrar a nuestras vidas un motivo altamente valioso. Gracias también a mi hermosa familia, que en silencio y de manera cotidiana ha otorgado su aporte para esta causa. A todos y todas: Sus esfuerzos y su dolor no han sido en vano.

Marisela Ortiz Rivera,
co presidenta y cofundadora de
Nuestras Hijas de Regreso a Casa
Ciudad Juárez, Chih. México, junio de 2009

ESCENA 1: CIUDAD JUÁREZ

Cuatro actrices y un actor. Cinco velas encendidas. Antes de comenzar la obra se debe decir, ya sea por uno de los actores o grabado: "Esta obra está dedicada a la memoria de Pável González, joven de 21 años, estudiante y luchador social asesinado en la ciudad de México el 23 de abril de 2004. ¡Contra el olvido y la impunidad!"

ACTOR: Según los datos reportados, desde 1993 a la fecha, ya son más de mil quinientas mujeres las que han sido asesinadas y más de 600 las desaparecidas en Ciudad Juárez, Chihuahua. El clima de violencia e impunidad sigue creciendo sin que hasta el momento se hayan tomado acciones concretas para terminar con este feminicidio... Han sido mujeres jóvenes, empleadas de maquiladoras, migrantes... Las mujeres asesinadas de Ciudad Juárez son más que una estadística. Tienen nombres, caras e historias que muchas veces no son tomadas en cuenta...

Música.

MUJER 1: El que no ha estado en el desierto no sabe lo que es la "nada".
MUJER 2: "Nada" es voltear a los cuatro puntos cardinales y encontrar precisamente eso: Nada.
MUJER 3: El desierto es un mar inmenso de arena, de arena y polvo.
MUJER 4: Y hay un silencio que no se rompe con nada.
MUJER 1: El desierto sigue siendo desierto.
MUJER 2: Por aquí miles llegan y miles se van.
MUJER 3: Cruzan diariamente el letrero inmenso que sobre sus cabezas indica que han llegado a la tierra prometida:
MUJER 4: "Ciudad Juárez... La mejor frontera de México".
ACTOR: La "Ciudad del Futuro" se ha convertido en una tumba.

Música.

MUJER 1: ¿Y si su hija o su madre o su hermana desaparecieran un día cualquiera? ¿Y si pasaran semanas y meses sin saber de ellas?
MUJER 2: ¿Y si colocara fotos, descripciones y peticiones de ayuda

en lugares públicos?

MUJER 3: ¿Y si después encontraran su cuerpo tirado en un lote baldío?

MUJER 4: ¿Y si fuera evidente que ha sido violada, mordida hasta arrancarle partes de su cuerpo, estrangulada y mutilada?

MUJER 1: ¿Y si la hubieran acuchillado 20 veces? ¿Y si le entregaran sus restos en una bolsa de plástico?

MUJER 2: ¿Y si las autoridades no le prestaran atención?

MUJER 3: ¿Y si el gobierno le dijera que no puede intervenir porque "es un asunto estatal?"

MUJER 4: ¿Y si, aunque usted contara su caso cientos de veces, prevaleciera el silencio?

MUJER 1: Muchas preguntas, pocas respuestas. Muchas muertes, pocos culpables.

ACTOR: En Ciudad Juárez, desde hace más de 21 años, quienes buscan a mujeres desaparecidas encuentran huesos en el desierto. Allí, desde hace 21 años, ser mujer y trabajar en una maquiladora significa estar en peligro de muerte. Allí, desde hace 21 años, los gobiernos panistas y priístas cierran los ojos y se lavan las manos. En Ciudad Juárez nadie sabe y nadie supo. Nadie tiene la voluntad política para resolver los crímenes ni la capacidad para prevenirlos. En Ciudad Juárez las mujeres tienen miedo. [2]

Música.

ESCENA 2: NATALIA

MUJER 1: Así era ella, igualita que en el retrato: sus ojos negros, negros, igual que su cabello: negro, negro. Natalia era mi única hija y la más chica de todos. Será por eso que me duele más que ya no esté aquí. Salía bien temprano a la escuela, porque ella quería estudiar.

MUJER 4: Si trabajo muy duro, llegaré a ser alguien, mamá.

MUJER 1: Así me decía a cada rato, por eso estudiaba tanto. De la escuela se venía a la casa, apenas se almorzaba algo y se iba otra vez de vuelta al centro, porque trabajaba en una zapatería, allá en el centro. Todo lo que ganaba allí me lo daba. Los domingos me pedía dinero para irse a dar la vuelta y comprarse una soda o un elote en vaso nomás. A veces le gustaba ir a fiestas o los bailes, como a todas las muchachas

---

2 Denise Dresser

de su edad: divertirse pues. También le gustaba poner las canciones de Selena en su grabadora y allí estaba ella, cante y cante esas canciones. Me acuerdo qué triste se puso cuando vio en las noticias que habían matado a Selena. Natalia regresaba diario a las ocho de la noche. El día que se perdió, el día que ya no regresó a la casa, cuando dieron las diez, le dije a mi esposo que ya estaba preocupada por m'hija, porque ella nunca se dilataba tanto. Ya más tarde me entró la angustia, una desesperación enorme. ¿Qué le habrá pasado, Dios mío? ¿Dónde andará? Fuimos a la policía, pero nos dijeron que, para levantar una denuncia por desaparición, tienen que haber pasado 48 horas. Así que luego luego nos pusimos a buscarla por todas partes, su papá, sus hermanos y yo. Fuimos a la zapatería para preguntarle a la gente que trabajaba allí si sabían algo de Natalia. Pos nada. Fuimos a los hospitales, a la Cruz Roja; y nada. Con sus amigas de la escuela, con los maestros, y nada. Nadie había visto nada; nadie sabía nada. Nada de nada. Hasta organizamos caminatas por el desierto para buscar su cuerpo. Y nada. Yo no podía dormir nomás pensando dónde andaría m'hija, si estaría enferma, si se la habrían llevado, qué le habría pasado, por qué no me llamaba aunque fuera. Todo terminó un día a finales de octubre, cuando encontraron varios cadáveres en el Lote Bravo. Estaba allí, en el anfiteatro. Cuando la vi, la verdad no supe si era mi hija o no. Ahí estaba su ropa: sus pantalones de mezclilla, su blusa blanca, sus zapatos… pero no era su cara, no era ella. Los que la reconocieron fueron mi esposo y mi hijo, el más grande. "Es Natalia, mamá."

MUJER 3: Tuvo suerte; figúrese que no han logrado identificar a por lo menos 70 cadáveres, entre los más de mil homicidios de mujeres que se han cometido en los últimos años.

MUJER 1: Después de todo esto se me acabaron las ganas, se me terminaron las fuerzas; ya no quería vivir. Le había agarrado coraje a Natalia. ¿Por qué me dejaste, m'hija?, le reclamaba viendo su retrato. ¿Qué no ves que no puedo vivir así? ¿Por qué te fuiste? Pasó el tiempo y vino gente a preguntarme por ella. Unos periodistas, que decían que el caso de Natalia era como el de las otras muertas de Juárez. Y yo me enojé, porque la gente decía que esas muchachas que habían matado eran drogadictas, malvivientes, prostitutas.

MUJER 2: Ellas se lo buscaron. Vivían una doble vida. Comerciaban con su cuerpo. Llevaban minifaldas, ¿qué otra cosa iban a esperarse?

MUJER 3: Las muertas de Ciudad Juárez son muchachas que

frecuentan antros de mala muerte, cantineras que salen de sus casas a buscar el peligro.

MUJER 1: ¡Adió, mi hija no era de esas, qué va, ni Dios lo mande! Pero los periodistas me dijeron que no, que la mayoría de las muchachas asesinadas eran trabajadoras de la maquila, jovencitas, hasta niñas de cinco años. Y cuando vi las fotos de esas muchachitas supe que era cierto. En la cara de cada una de ellas, vi la cara de mi hija. Los ojos negros, negros... el cabello negro, negro... Era como si todas tuvieran un pedacito de Natalia. Entonces sí, les dije, mi hija es un caso más de las asesinadas de Juárez. Así me cayó la verdad, de golpe, de repente. Por eso estoy aquí, para darle eco a la voz de Natalia, a otras voces que fueron calladas por el silencio, a la fuerza. A veces me arrimo al retrato de m'hija y me pongo a verla. Y así me quedo horas, viendo sus ojos negros, negros, y su cabello: negro, negro.

Música.

Soy una madre sin su hija.
Soy una madre despojada de mi hija.
Soy una madre con una hija arrancada del jardín de mi corazón.
Mi hija en florecida primavera: colorida, bonita, llena de ilusiones-pétalos, fragante, suave, amorosa, llena de risas, gracia y encantos.
Soy una madre llena de tristezas, lágrimas y oscuridades sin mi hija, mi amiga, mi compañía, mi esperanza, mi orgullo, mi luz, mi amor.
Soy una madre con labios mudos para llamar a mi hija, con oídos sordos para oír la música de sus palabras, con ojos ciegos para ver las chispas de vida en sus ojos.
Soy una madre vaciada, mutilada, naufragada en el dolor de vivir sin mi hija brutalmente, violentamente arrancada del jardín de mi corazón. [3]

Música.

---

[3] Eugenia Muñoz

ESCENA 3: RECOMENDACIONES

ACTOR: Las grandes empresas y los dueños de las maquiladoras deberían preocuparse por la seguridad de sus trabajadoras, pero no lo hacen. En México, las maquiladoras ni siquiera pagan impuestos. Por otro lado, el gobierno y las autoridades deberían hacer algo para prevenir y erradicar estos crímenes, pero no hacen absolutamente nada. Son cómplices, por omisión y por negligencia, de estos asesinatos. (*Pausa*) Por absurdas que parezcan, las siguientes recomendaciones pertenecen a la Campaña de prevención lanzada por la Dirección General de Policía del Municipio de Juárez, en 1998:

MUJER 3: Si sales de noche, procura hacerlo acompañada de una o más personas.

MUJER 4: Si sales sola: Evita calles oscuras o desoladas.

MUJER 1: No hables con extraños.

MUJER 2: No vistas provocativamente.

MUJER 3: Lleva un silbato.

MUJER 4: No aceptes bebidas de extraños.

MUJER 1: Si sufrieras un ataque, grita "Fuego" así más gente hará caso a tu llamado.

MUJER 2: Lleva las llaves de tu auto o casa listas.

MUJER 3: Si te atacan sexualmente, provócate el vómito, lo más posible es que el agresor sienta asco y huya.

MUJER 4 (*tras pausa*): No. No fue la ropa, no fue el lugar, no fue la hora, no iba vestida para provocar a nadie.

MUJER 1: Nada justifica una agresión sexual: cuando hay una violación la víctima no es la culpable.

ACTOR: Los asesinatos de mujeres en Ciudad Juárez son los más crueles de México. En esta ciudad fronteriza a las mujeres se les considera peor que basura. La violencia y la impunidad de las autoridades las convierte en objetos de tiro al blanco. Por ejemplo, el Código penal de Chihuahua determina que el violador de una mujer "recibirá una pena de tres a nueve años de prisión". En cambio, para los ladrones de ganado, el Código Penal prevé una pena de seis a cuarenta años de cárcel.

Música.

13

ESCENA 4: MICAELA

MUJER 3: Me acuerdo de ti, Micaela, cada vez que despierto, cada vez que me duermo. A todas horas te recuerdo. Porque a ti te gustaba todo: el amanecer, mirar las estrellas, el olor de las flores, la música del radio, las ferias, los pajaritos que tenías en tu jaula. Así eras, Micaela; todo te gustaba, a todo le encontrabas el chiste, por eso todo lo que me rodea me recuerda a ti. A donde mire, te veo. Yo siempre he dicho: "aprendan a mi prima Quela, que le gusta todo, por eso es feliz". Una vez leímos en el periódico que habían encontrado el cuerpo de una muchacha en Granjas Santa Elena. Era una de las tantas asesinadas. Su familia la había estado buscando durante meses.

MUJER 4: El cuerpo sin vida de Gladys Yaneth Fierro Vargas, de 12 años, ha sido encontrado en un sembradío de algodón, a la altura del kilómetro 4 del bulevar Gómez Morín. Fue estrangulada y violada. Se la llevaron por la fuerza un día antes, cuando salía de un ensayo escolar.

MUJER 3: Las dos habíamos dicho que era rete feo no volver a saber de alguien, que desapareciera así, como si el desierto se lo hubiera tragado a uno y luego aparecer muerta tanto tiempo después. Por eso yo estoy segura que tú no te fuiste, Micaela, que a ti te llevaron, a plena luz del día, a la una de la tarde. Eso es lo peor, que todas pensamos que es de noche cuando hay más peligro, pero no, también de día. Tú lo sabes Micaela.

MUJER 2: Te buscamos siempre. Repartimos volantes con tu foto, en los camiones, en las calles, en las tiendas, en todas partes. Se busca.

MUJER 3: Tus papás fueron a levantar la denuncia a la policía y yo fui con ellos. Y ahí, cuando estuvimos con los agentes, me di cuenta que la policía no le daba importancia, que no iban a hacer nada. No investigaron, no nos dieron ninguna pista, no. Al contrario, los expedientes están mal hechos, son una porquería. Inventan cosas, puras mentiras. Se contradecían a cada rato: según ellos que eras de lo peor. Eso pusieron en los expedientes: que eras drogadicta, que salías con muchos muchachos, que ibas a salones de baile. Y entonces yo pensé, "Bueno, ¿y si sí? Supongamos que tú hubieras sido así, ¿qué tendría de malo? Tanto vale la vida de una mujer así como la tuya, como la de cualquiera".

ACTOR: Se cree que las mujeres son ejecutadas para hacer videos en los que graban sus muertes, el llamado cine *snuff*. Según algunas fuentes, se sabe que estos videos se venden entre 70 mil y 100 mil dólares. A esto se le ha calificado de "demencial y macabro" por lo que es alarmante y sospechoso que el gobierno no actúe ni tome cartas en el asunto.

MUJER 3: Y los investigadores, de investigar lo que deben de investigar: nada, pero de saber la vida y milagros de uno sí: que a qué horas esto y lo otro, cómo vive, qué piensa, con quién sale. Se les afigura que, porque somos personas de pocos recursos, somos tontas, que no tenemos ambiciones, deseos de superarnos. Ellos dicen "son de la periferia, mujeres pobres, de escasos recursos". Sí, pobres sí, pero no taradas. Ha pasado tanto tiempo que ya nadie te busca, Micaela, sólo nosotros. Un día oí a dos diputados en la tele diciendo que se estaba exagerando la cifra de mujeres asesinadas en Ciudad Juárez, que sólo eran como 300. Yo me pregunto: ¿cuántas les gustará para frenar los asesinatos? ¿Cuántas muertas son muchas, señores? Al paso que vamos, yo creo que los asesinos nunca serán detenidos; lo único que nos queda es exigirle al gobierno que detenga la ola de crímenes.

MUJER 1: Que se muera el papá, la mamá, que se muera el esposo, jamás va a ser lo mismo que perder algo, algo de una, una parte de uno. Un hijo es una parte de mí, y nunca voy a comparar la pérdida de mis otras gentes, con la de mi hija.

MUJER 3: En los últimos años ha habido muchas Micaelas en Ciudad Juárez. O Sagrarios, o como se llamen de acuerdo con los nuevos nombres que van apareciendo en los diarios locales. Cada historia parece ser la misma historia, multiplicada 100, 200, 300 veces o más.

MUJER 2: La larga lista de nombres de las asesinadas han ido apareciendo en las cruces: Lilia Alejandra, Berenice, Airis Estrella, Alma Mireya, Elizabeth, Gloria, Leticia, Perla... (*Todos repiten los nombres ad libitum en voz baja*) Todas son nuestras hijas, todas son nuestras muertas.

MUJER 3: Desde que te fuiste hacemos volantes y pancartas para pedirle al gobierno que haga justicia, porque esto no se puede quedar así, hay que hacer algo. Porque no han sido una, ni diez, ni cincuenta... son más de mil las que han terminado como Micaela, ¡y cuántas las que están todavía desaparecidas...! Nunca dejaré de hablar de ella. No puedo parar hasta que termine la violencia.

ACTOR: Sólo así será posible cambiar a una sociedad ciega, sorda y sexista. Sólo así será posible lograr que no haya una muerta más, ni una mujer faltante. Sólo así se cobrará conciencia de que los derechos de las mujeres no son diferentes ni de segunda clase. Para que las mujeres en Ciudad Juárez y en el resto del país vivan sin miedo. Para que las mujeres no tengan que marchar vestidas de luto, vestidas de negro. [4]

MUJER 4: No pedimos mucho: sólo queremos justicia. Que se aclaren todas las muertes y que el gobierno haga algo para que no haya más. Que nos dejen vivir y trabajar tranquilas. Que podamos salir a la calle sin temor. Que no vivamos mortificadas pensando que cualquiera de nosotras, a lo mejor, no regresemos un día. Que alguien voltee sus ojos a Juárez y diga "¡Basta! Alto a la impunidad, un una muerta más". ¿Es mucho pedir?

MUJER 3: A veces me asomo a la ventana a ver la calle. Miro a todas partes buscándote, Micaela, tratando de reconocerte en otros rostros. Yo sé que volverás, saludándome con tu mano, diciéndome "mira, prima, qué bonito día", o vendrás corriendo a decirme "hay que hacernos unos burritos y ahí en el tejabán vamos a ver la lluvia". Como ya ha pasado tanto tiempo desde que te fuiste y no te han encontrado, yo espero aún que regreses a la casa. Por eso me asomo a la ventana, a esperarte, porque sé que un día regresarás, un día volverás, para contarnos nuestras cosas, para cantar, para que nos des un poco de tu risa y de tu alegría, Micaela. Yo sé que volverás... Yo sé que volverás... Yo sé que volverás...

Música.

ESCENA 5: POEMA DE ANTONIO CEREZO CONTRERAS

MUJER 3: Como si no fuese suficiente
Despojarte de la vida
Frente a las frías máquinas
MUJER 1: Como si el desierto
Exigiera tu sangre
Lluvia en verano
Para ver flores en sus cactus
MUJER 4: Como si tus lamento
Fuesen el viento necesario
Que arrastra la arena

---

4 Denise Dresser

Para cubrir los labios
MUJER 2: Como si tu piel morena
De manera inevitable
Fuese tambor que llama
A los impunes
MUJER 3: Como si sólo tu carne
Fuese el alimento predilecto
De buitres y perros
MUJER 1: Que sean tus pezones cercenados
Los ojos con los que miren
A su madre
MUJER 4: Que sean tus gritos
Que funden tímpanos sus cantos
cuando busquen, miserables, consuelo
MUJER 2: Que sean el color de tu carne golpeada
El tono del maquillaje
De sus días felices
MUJER 3: Que sea tu aromático cabello trenzado
La soga en que cuelguen a diario
Todos y cada uno
De sus sueños
MUJER 1: Que sea tu tormento
Su desayuno, comida y cena
Y tu cruz
Leña verde ardiendo en el centro de su pecho. [5]

Música.

ESCENA 6: LILIA ALEJANDRA

ACTOR: Entre otras cosas sorprendentes, aunque se ha detenido y encarcelado a gente por los asesinatos, normalmente con pruebas inventadas y confesiones obtenidas mediante torturas, no se ha resuelto ni uno solo, no ya de los 100 casos de asesinato en serie, sino de las más de mil quinientas asesinadas en Ciudad Juárez desde 1993. Ni uno. Y ahora se ha vuelto habitual que el gobierno estatal y los empresarios locales acusen a quienes piden justicia de "vende-patrias" y de "ensuciar el buen nombre de Ciudad Juárez". Incluso las

---

5 Antonio Cerezo Contreras

autoridades quitan las fotos de las niñas y mujeres desaparecidas porque "afean" la ciudad.

MUJER 2: Quisiera que imagines a tu hija, o hermana, a tu prima, a tu novia, o a tu esposa. Imagina que sale de su casa para dirigirse a su trabajo o escuela. Puedes imaginar lo linda que se ve al caminar, con un rostro inocente. Refleja el deseo a la vida con un brillo en sus ojos que demuestra su felicidad. Imagina que de regreso a casa un auto le cierra el camino, se bajan tres HOMBREs. Uno de ellos la toma del cabello, el otro de sus pies y la meten adentro del auto para secuestrarla. Imagina que llegan a una casa y entran a una de las habitaciones. Ahí la tiran al suelo mientras los tres HOMBREs miran el rostro de ella que ahora refleja terror. Imagina que uno de los HOMBREs se acerca a ella, la ata de las manos y la recuesta en una mesa. Ella trata de defenderse; él levanta su brazo, cierra el puño y le da un golpe en la nariz. Después extiende nuevamente su brazo para darle otro golpe en la boca, para que así ella no siga diciendo:

MUJER 4: ¡Ya basta, por favor! Mamá, papá: ¡Ayúdenme! ¡Auxilio! ¡Alguien que me ayude…! ¡Dios, ¿por qué mí?! Por favor ¡Ya no! ¡No, no, no!

MUJER 2: Imagina a esta joven diciendo estas frases mientras esta siendo golpeada y violada, diciéndolas con la voz quebrada y con lágrimas que recorren su rostro. En ese momento él termina de violarla; al acabar aún no termina el martirio de la joven, pues en la habitación hay dos HOMBREs más... Se acerca otro de ellos; está fumando y apaga el cigarro en uno de los brazos de ella. Él empieza a morder sus senos, empieza a violarla, y así los tres HOMBREs la torturan. Al terminar la tiran al suelo y la empiezan a patear para después retirarse y dejarla en el suelo bañada en sangre, violada y ultrajada con la más profunda saña y crueldad. Ella sigue sufriendo por un día, dos días, tres días, hasta que sus atacantes se dan cuenta que ella no resiste más y deciden matarla. Imagina que uno de ellos se acerca, pone sus manos alrededor de su cuello para estrangularla. Ella, a pesar de estar golpeada, trata de defenderse pero no puede y él cumple con su objetivo: matarla. Pero a los otros dos no les parece suficiente, así que otro de ellos, la toma de la cara para girarla bruscamente y desnucarla. Ahí esta su cuerpo sin vida, con la nariz fracturada, los labios reventados, los ojos golpeados, los brazos con quemaduras de cigarros, las piernas con cicatrices, y las muñecas muestran huellas de ataduras y sus senos están carcomidos. Ellos envuelven el cuerpo en una cobija la suben a el auto, se dirigen a un terreno baldío para dejar su cuerpo ahí. Pero el martirio y el dolor aún no terminan pues falta que la familia se entere de lo que acaba de sufrir la joven... Imagina lo que sigue... No, no venimos a buscar el consuelo, ni las falsas promesas por parte del gobierno. No queremos estadísticas, ni números que no reflejan la verdadera realidad de la mujer en Ciudad. Juárez.[6] La sociedad civil y las ONG's exhortamos al estado mexicano a que frene la impunidad en torno a los asesinatos de mujeres en Ciudad Juárez y que cese el hostigamiento que sufrimos familiares de las víctimas y defensores de derechos humanos. Pedimos respeto y sobre todo les exigimos que nos dejen vivir.

Música.

ESCENA 7: EL CAMPO ALGODONERO

ACTOR: En noviembre del 2009 la Corte Interamericana de Derechos Humanos condenó al Estado mexicano por violar los derechos humanos en los casos de feminicidio sucedidos en Ciudad Juárez en contra de Esmeralda Herrera Monreal, Laura Berenice Ramos Monárrez y Claudia Ivette González, dos de ellas menores de edad, y por la violencia estatal ejercida en contra de sus familiares. A la fecha, el gobierno mexicano no ha acatado cabalmente esta sentencia.

Música.

ACTOR: Ciudad Juárez:
¿Y tu mamá?
MUJER 4: La mataron... ya no vendrá.
ACTOR: ¿Y tu hermana?
MUJER 2: Desaparecida, nadie vio nada.
ACTOR: ¿Y tu papá?
MUJER 3: Lo "ejecutaron", que porque estaba en el lugar equivocado.
ACTOR: ¿Y tu hermano?
MUJER 1: "Levantado". Su cuerpo apareció en una "narcofosa".
ACTOR: ¿Y su negocio?
MUJER 3: Cerrado, no pudimos pagar la 'cuota'.

---

6 Malú García Andrade

ACTOR: ¿Y la ciudad?
MUJER 1: Se fue, para ya no volver.
ACTOR: ¿Qué quieres ser?
MUJER 4: Músico. Estoy en una sinfónica.
ACTOR: ¿Y tu mamá?
MUJER 2: Era hermosa, aunque no la conocí.
ACTOR: ¿Tienes odios?
MUJER 4: No, ahora veo hacia el futuro. Y la esperanza de un Juárez mejor... y una cruz para nunca olvidar a nuestros muertos y muertas.[7]

Música.

ESCENA 8: ORACIÓN POR LAS MUERTAS DE JUÁREZ

ACTOR: Durante una de las sesiones de la Comisión de Derechos Humanos de la Organización de las Naciones Unidas, el relator especial rindió un informe sobre los homicidios de mujeres en Ciudad Juárez. Al relator le sorprendió la absoluta ineficacia, incompetencia, indiferencia, insensibilidad y negligencia de la policía que había llevado hasta entonces las indagaciones. Para el relator especial resulta evidente que estos asesinatos no se investigaron de forma eficaz ni exhaustiva, si es que hubo algún tipo de investigación. *(Pausa)* Los asesinatos de mujeres jóvenes y pobres comenzaron a documentarse en Ciudad Juárez en 1993... En 2001 se extiende el terror a la ciudad de Chihuahua... Este feminicidio, esta guerra de baja intensidad, ¿dónde y cuándo terminará...? [8]
TODAS: Oración por las muertas de Juárez.
MUJER 4: Madre:
tú que habitas cielo,
viento, mar y tierra,
cárceles y burdeles,
fábricas y juzgados,
basureros hediondos,
chozas, vecindades,
mansiones,
hospitales,

---

[7] Servando Pineda Jaimes
[8] Marisela Ortiz

guaridas de ladrones
y casas ministeriales,
MUJER 3 Y 4: ¡trae a nosotras tu reino!
MUJER 3: No perdones
a quienes nos violan,
no perdones
a quienes nos matan,
no perdones
a quienes entierran nuestros huesos
bajo las arenas del desierto.
Que no se haga más su voluntad.
MUJER 3 Y 2: Acude a nuestra súplica y escucha:
MUJER 2: Ellos arrancan nuestros pezones a mordidas.
Encienden con cerillo y gasolina nuestros cuerpos.
Cambian nuestras ropas de un cadáver a otro
para que nuestras madres y nuestros padres
se confundan.
Siembran nuestros ojos
y riegan con nuestras lágrimas su odio,
y luego se esconden.
MUJER 1: No sabemos cómo visten.
No sabemos de dónde sacan su dinero.
No sabemos si tienen aparte otros modos de divertirse.
Si tienen hijas
ni si sus hijas son también pobres y obreras
o estudian por las tardes
y caminan solas por las calles oscuras de regreso a casa.
MUJER 4: Nada de ellos sabemos
sino que quieren un mundo sin nosotras,
las mujeres de Juárez,
las de cabellos largos
y senos despuntando,
cuerpos morenos donde danzan los sueños,
donde la vida hace fiesta.
MUJER 3: Mujeres, Madre, como tú,
como nosotras,
las desterradas hijas de Eva,
las que aquí seguimos suplicantes.
Acude a nuestro llanto, escucha:

Ellos tienen cómplices,
no actúan solos.
En la maquila,
en la policía,
en el gobierno,
en la mafia,
allí en el paraíso como en el infierno
ellos tienen cómplices,
pero nadie sabe quiénes son.
MUJER 2: Por eso venimos hoy a implorarte,
atiende nuestras plegarias,
no desoigas nuestros ruegos:
Que no se oculten más los criminales,
que no queden impunes nuestras muertes,
que la sangre nuestra,
la de nuestras hermanas,
fecunde el corazón de la tierra donde yacen
y nos dé aliento, fuerza.
TODAS: No protejas a nuestros asesinos
ni escudes bajo tu manto sus ofensas.
Líbranos del miedo,
del silencio,
de la mansedumbre.
Permítenos la rabia
y no nos dejes caer en la tentación
de la desesperanza.[9]

Música.

ESCENA 9: ¿CUÁNTAS MUERTAS SON MUCHAS?

ACTOR: Al presidente de México… al gobernador del Estado… al Procurador de Justicia… A las autoridades competentes les preguntamos:
MUJER 4: ¿Cuántas muertas son muchas?

---

9 María Hope

ACTOR: Cuando las autoridades califican de "normal" la tasa de homicidios de mujeres en Ciudad Juárez, habría que preguntarse de qué tipo de crímenes están hablando.

MUJER 1: ¿Cuántos muertas son muchas?

ACTOR: Si se refieren a las más de mil mujeres, entre los cinco y los 25 años, de características físicas y sociales similares, cuya forma de morir ha llevado a expertos de talla internacional a reconocer el posible trabajo de uno o varios asesinos en serie, están equivocados.

MUJER 2: ¿Cuántas muertas son muchas?

ACTOR: El gobierno dice que a las víctimas de Ciudad Juárez las mató la falta de valores, las mató el salir a la calle de noche, las mató el ir a bailar a los antros del centro, el llevar una doble vida, el vestir de forma provocativa...

MUJER 3: ¿Cuántos muertas son muchas?

ACTOR: Este discurso se torna injurioso, casi inmoral, al analizar con más detalle quiénes son las muertas de Ciudad Juárez, pues nadie busca ser penetrado con un tubo de pvc, ni perder un pezón a mordidas, ni morir desangrado en el desierto...

MUJER 1: Menos que nadie, una niña de 13 años que se dirige a la secundaria...

MUJER 4: ¿Cuántas muertas son muchas?

MUJER 2: Menos que nadie una joven de 16 que está ahorrando para ir a la universidad...

MUJER 1: ¿Cuántos muertas son muchas?

MUJER 3: Menos que nadie una obrera que se levanta a las cuatro de la mañana en invierno para tratar de mejorar su situación y la de su familia.

MUJER 2: ¿Cuántas muertas son muchas?

ACTOR: Marisela Escobedo y Susana Chávez, activistas por los derechos humanos que buscaban justicia, también fueron asesinadas.

MUJER 4: ¿Cuántas muertas son muchas?

ACTOR: Las activistas Marisela Ortiz, Norma Andrade y Malú García Andrade debieron salir de Ciudad Juárez después de varias amenazas y atentados contra su vida.

MUJER 1: ¿Cuántas muertas son muchas?

ACTOR: La barbarie no conoce límites, rebasando toda lógica y toda razón: las niñas Brenda Berenice Delgado Rodríguez de cinco años, Airis Estrella Enríquez de siete años y Anahí Orozco de diez años fueron atacadas sexualmente, torturadas y asesinadas.

MUJER 3: ¡¿Cuántas muertas son muchas?!

ACTOR: Ahora los feminicidios se han extendido a otros estados: el Estado de México, Puebla, Morelos, Sinaloa... El terror se ha expandido y las autoridades se niegan a emitir la alerta de género. El machismo mata: en México, cada día son asesinadas 6 mujeres.

TODOS: ¡¿Cuántas muertas son muchas?!

Música.

ESCENA 10: ERÉNDIRA

MUJER 4: "Querido diario: Escucho música por todas partes. Siempre la traigo en la cabeza. Cuando platico, lavo los trastes o estoy en el trabajo, mis pies se mueven casi sin que me de cuenta, siguiendo un ritmo que sale dentro de mi y que sólo yo escucho. ¡Cómo me gustaría ser artista! Hasta grabé un casete con una canción para que todos me puedan escuchar cuando yo no esté cerca. A veces me sueño en un escenario, recibiendo un gran aplauso del público y me emociono. Te prometo que seré una gran estrella."

MUJER 1: La pesadilla comenzó el martes 18 de agosto. Eréndira se había ido al trabajo y no regresó. Nos mortificamos mucho. Nunca se iba por allí, menos sin avisar, y jamás había faltado a la casa. Me acuerdo del día en que se fue. *"Que Dios te bendiga"*, le dije antes de irme al trabajo. Me fijé en algo: sus ojos brillaban de una manera especial ese día.

MUJER 4: "Querido diario: Tengo tantos planes para el futuro que hasta me duele la cabeza de estarles dando vueltas y vueltas. Me gusta mucho escribir pero también cantar. A veces agarro una escoba y me pongo a brincotear por toda la casa. Creo que no me iré de aquí hasta que me case. Al menos eso espero."

MUJER 2: Después de unas horas, decidimos ir a Previas. Todavía no alcanzo a entender cómo nadie se compadece del dolor de una madre al saber a su hija desaparecida. Ahí la lluvia de preguntas: Que si tenía novio, que si había problemas, que si usaba drogas, que hay que esperar a ver que pasa...

MUJER 1: Me cansé de repetirlo en cada declaración: nosotros no somos de aquí, somos de fuera, de Zacatecas. Vinimos a Ciudad Juárez buscando una vida mejor.

MUJER 2: Parecía que no entendían que mi hermana estaba perdida y que estábamos volviéndonos locos por no encontrarla.

MUJER 4: "Querido diario: Se me ha olvidado algo muy importante: no me he presentado. Mi nombre completo es Eréndira Ivonne Ponce Hernández. Nací el 24 de enero de 1981. Mi color original es café oscuro pero me lo tiño castaño, borgoña cobrizo; mis ojos son café oscuro pero normalmente uso pupilentes color violeta. Tengo la piel morena y 17 años bien cumplidos bajo el signo de acuario. Las canciones que más me gustan son: Igual que ayer, de los Enanitos Verdes; El mañana nunca muere, Cuando un HOMBRE ama a una mujer y Quién diría, de Ricardo Arjona. Tengo ocho hermanos, cinco mujeres y tres HOMBREs. Cuatro ya están casados y tengo tres sobrinos. A mis padres María Rosario Hernández y Federico Ponce, los amo con todo el amor del mundo."

MUJER 3: ¡Cómo no! Teníamos la esperanza de que apareciera por la puerta de la cocina, sonriendo y nos dijera que había sido una broma. Que se había quedado con una amiga, que estaba enojada con alguien de nosotros… Pero Eréndira nunca más regresó. Pretendientes tenía algunos —en últimas fechas sólo uno—, pero siempre tenía el sentimiento de que todavía no le llegaba el amor de su vida.

MUJER 4: "Querido diario: Soy muy romántica y sueño con encontrar el amor de mi vida. La clave para saber con quien me voy a casar estará en la persona que me regale una rosa y con la que baile la canción "Cuando un HOMBRE ama a una mujer". Mi sueño es casarme, vivir en una casa cómoda, tener un esposo con el que salga a pasear y un pedazo de carne que me llame mamá. Mi HOMBRE ideal es de cabello largo y ondulado, los ojos azules, la piel blanca, que mida de 1.80 a 1.90, que tenga un cuerpo no muy musculoso, que esté simpático, que tenga carro y una cuenta en el banco de más de 100 mil pesos. No te creas, es una broma, yo lo único que deseo es que sea un HOMBRE bueno que me quiera y con el que pueda formar una familia feliz.

MUJER 1: Recuerdo los peores días de nuestra vida. Pasados doce días de angustia, de insomnio, por fin tuvimos noticias de ella. Es horrible sentir cómo todos te miran con caras misteriosas que te dicen que hay algo más, que no te han dicho todo. Cuando llegamos a la delegación me enseñaron una foto en la que se veía el vestido, pero tenía unas partes tapadas… yo me di cuenta de que había más que tela… que era un cuerpo el que acompañaba el vestido.

MUJER 2: Entonces me di cuenta de repente. Eréndira había muerto. Quise verla. Quería reconocerla, estar segura de que se trataba de ella, pero no tenía ya nada que se pudiera reconocer. Tenía su rostro tapado pero yo lo destapé. Lo único que le reconocí fueron los dientes, las uñas de sus manos, sus pies y su cabello. Era ella. Eréndira estaba ahí, muerta.

MUJER 3: Femenino, no identificado, 60 diagonal 98. 18 horas del 16 de septiembre de 1998. Robusta, morena, mestiza, 1.50 metros, de 45 a 55 días de muerta. Fue torturada y violada. El cuerpo fue encontrado boca abajo, con las manos atadas a la espalda con el cordón de su bolsa. No dejaron ninguna huella o alguna pista. Aunque la mayoría de sus cosas fueron encontradas… sus zapatos y su bolsa desaparecieron.

MUJER 1: A veces te entregan un costal de huesos. (*Imita una voz*) "Ahí 'stá su hija", te dicen. ¿Pero cómo en dos meses ya son puros huesos? Un cuerpo tarda mucho más en volverse nada. (*Imita la voz*) "Pos si no lo quiere, déjelo". Hay quienes han pedido pruebas de ADN para comprobar la identidad de la víctima. (*Imita la voz*) "Uy, eso sale rete caro y se lleva harto tiempo"… Total, sólo queda resignarse a querer creer que ese costal de huesos son los de tu hija. Parece absurdo, pero de veras creí que la policía y el gobierno estaban con nosotros.

MUJER 2: Ahora, me aferro al diario de Eréndira. Es lo único que me puede seguir hablando una y otra vez de ella. Lo leo para escuchar su voz muda. Es ahí donde mi hermana plasmó sus últimas ideas, sus gustos por la comida, por la ropa, por los muchachos. En donde expresó el inmenso cariño que tenía por sus padres y por sus hermanos. Un cuaderno donde plasmó sus sentimientos dos días antes de morir.

MUJER 4: Querido diario: No sé qué me pasa. Tengo miedo. Hoy desperté con la necesidad inmensa de escribir todo lo que pueda en estas hojas. Así que no te sorprendas si encuentras cosas locas como la lista de los lonches, la soda y la fruta que me comí hoy o la ropa que necesito comprar para poder vestirme bien. Sólo sé que necesito escribir, escribir y escribir para seguir viviendo. O para que alguien viva a través de lo que yo escribo. Pensándolo bien, no es miedo lo que siento. Es un presentimiento. Un presentimiento de que voy a descubrir algo. Un secreto. El secreto más grande del mundo.

Música.

ESCENA 11: ¿HAY UN DIOS CERCA DE JUÁREZ?

ACTOR: Las madres de las mujeres asesinadas o desaparecidas en Ciudad Juárez y Chihuahua se levantan todos los días para hacer el quehacer, las labores del hogar, ir a trabajar y para proseguir con su demanda de justicia. Para ellas, los festejos del Día de las Madres han quedado reducidos a los recuerdos de sus hijas masacradas. Han debido asumir brutal y forzosamente de nuevo la maternidad, pues ahora son ellas las responsables de las hijas e hijos de las víctimas. En Ciudad Juárez se mata mujeres por ser mujeres. Ser mujer, joven, bonita y pobre es convertirse en una víctima de los asesinos. Cuerpo de mujer: peligro de muerte.

TODAS: ¿Hay un dios cerca de Juárez?

ACTOR: Un animal.

Un ser vivo, salvaje.

Un monstruo inconsciente, no pensante.

Uno de la manada que no respeta a sus iguales:

Se llama a sí mismo el HOMBRE.

Mal haría en llamarle un animal

Esa palabra proviene de ánima: movimiento, alma.

Más bien HOMBRE sin alma el HOMBRE que mata

y se mata a sí mismo dando muerte.

MUJER 1: Llévate la muerte en la memoria

Que tu culpa silente te corrompa

Que tu conciencia despierte y no descanse

Asesino del sueño (de otro sueño, del tuyo propio)

¿Cómo podrás dormir? ¿Y cómo es que despiertas?

¿Cómo es que vuelves y vuelves al lugar del crimen

Y ningún dios te ha visto?

MUJER 2: Juárez femenino está siendo ultrajado

Mutilado del sexo y de la lengua

Puesto lejos de su libertad.

Dios, dale voz y viento que la lleve,

Dios de Dios dale unas alas no para que huya:

Para que se quede

En su lugar la mujer.

Un lugar, pues.

Dios de Dios de Dios

No te está pidiendo el cielo, te pide la tierra, su tierra.

Carajo,
¿Hay un Dios cerca de Juárez?
MUJER 3: Juárez de la inversión extranjera:
Las manos maquiladoras de tus hijas dicen adiós
Con los puños cerrados y a veces sin puños que cerrar.
ACTOR: Gritos en ninguna parte.
MUJER 4: Ella traía una falda muy corta, esta apareció sin ropa...
MUJER 2: Esta con ropa de otra, esta quemada, esta sin dientes...
MUJER 1: Esta sin pechos, esta sin ella.
MUJER 3: - ¿Ya leíste el periódico local?
ACTOR: Va la nota de gente en gente.
MUJER 3: Y el noticiero le dedica una hora a un incidente de tránsito,
Al partido del domingo o la boda de alguna figura pública
Y en un programa de opinión se hace un cuestionamiento para la nación entera
Para darle "voz y voto"
Usted decide.
¿Que le parece que hayan encarcelado a Paris Hilton?
Justo. Injusto. Más o menos justo. Un poquito injusto.
Marque 1 900 número, número, número
¿A usted qué opción le apetece?
Justo. Injusto.
ACTOR: ¿Alguien sabe en México que es justo?
MUJER 4: Juárez, frontera de la realidad
Un río bravo rojo sangre se desborda
y nos inunda el coraje.
Sal de mi pecho, odio, lárgate.
Qué no mate a mi paz quien no entiende de paz
Qué no se manche mi corazón de su inmundicia
Quiero seguir creyendo en otra posibilidad de mundo
- Enciendo una vela -
En el que la religión del HOMBRE sea amar al Dios de Dios:
¿El HOMBRE?
ACTOR: Juárez madre, preocupada por tus hijas
Asomada a la ventana
Esperando que llegue ella y no la mala noticia
Juárez HOMBRE, con los ojos abiertos a la noche
Con más preguntas que estrellas
Con el discurso agotado. No te canses.

Hija, niña, mujer Juárez. No te calles.
MUJER 1: Juárez, grito ancestral
¿De dónde viene tu nombre?
¿Quién ha hablado de paz y de derecho y de respeto?
¿Para que instituir frases célebres que se nos repiten huecas?
MUJER 2: Una fábrica vieja de héroes y falacias nos hereda el gobierno:
Hacer patria, dicen.
No. Hacer mundo. Hacer Juárez: un lugar.
Para vivir.
MUJER 3: Juárez, alza tu voz hasta curarle a la justicia la sordera.
Qué se alce también tu razón y tu cordura,
Que te regrese la calma.
Juárez, mi más sentido pésame.
Si mis manos no hacen nada, que lo haga mi palabra.
MUJER 4: Qué regrese la hija, la hermana y la madre
Del trabajo a la casa cuando caiga la tarde. [10]

Al final, todas apagan sus velas, menos el ACTOR. Música.

ACTOR: Mientras exista una luz, quedará la esperanza de que vuelvan nuestras mujeres, nuestras hermanas, nuestras hijas de regreso a casa.
El ACTOR deja su vela encendida y continúa la música.

- FIN -

Para mayor información: hrobles@hotmail.com
http://mujeresdearenateatro.blogspot.com
Wikipedia: http://es.wikipedia.org/wiki/Mujeres_de_Arena

Texto revisado y actualizado el 13 de marzo, 2016

---

10 Juan Ríos Cantú

MUJERES DE ARENA:
UNA ORQUESTACIÓN DE VOCES PARA LA
CONSCIENCIA Y LA JUSTICIA

Por Eugenia Muñoz - *Virginia Commonwealth University*

En *Mujeres de Arena*, obra de teatro documental, que testimonia los
múltiples asesinatos de las mujeres de Juárez, Humberto Robles semeja
al director de una orquesta, no para dirigir la armonía de una música
placentera a los sentidos y al espíritu, sino para difundir la dolorosa
agonía del corazón y del alma ante una inimaginable realidad de
violencia e impunidad. Es una dirección que busca llegar a la
consciencia de la audiencia, para dar paso a la acción solidaria y al
triunfo de la justicia.

La obra es un teatro-orquesta de diez escenas en el que participan
diversos géneros: el drama, la música, la poesía, el ensayo, la noticia, la
carta, el diario, la elegía, la reflexión filosófica-social. Y por sobre todo,
la fuerza vital de estos géneros la dan las voces actorales que
representan la realidad vivida y sufrida por las mujeres y familiares
víctimas. Sin razón alguna que valga para justificar la crueldad e
indiferencia contra tales víctimas La vida en flor, tronchada en sus
ilusiones, las torturas, abusos, violaciones, la espera, la angustia, el
desconcierto, las lágrimas, la desolación, los interrogantes, la
impotencia, la indignación, el amor, los recuerdos, fotos y memorias,
van hablando a través de cuatro voces femeninas que representan a las
madres, a las hijas, hermanas, primas y demás mujeres. La fuerza
dramática tan impactante, tan estremecedora que hay en esta obra, es
la verdad absoluta de todo lo dicho en ella. Se quisiera pensar, que hay
ficción, imaginación o fantasía, pero no. Es la realidad tal como ella es
en Juárez y en tantas otras partes. Unida a las voces dolorosas, se
encuentra la voz del Actor, la cual representa la información, la
denuncia contra las autoridades negligentes, indiferentes y cómplices.
El Actor es también la reflexión, la solidaridad, la esperanza, la voz de
la consciencia que busca la solidaridad y acción de espectadores y
lectores. Los diversos géneros y las voces se van orquestando entre
recursos tales como el diálogo, la parodia-oración, la ironía, el uso de
símbolos, del leitmotiv, la reiteración, la interrogación y la ironía.

Las historias de Natalia (escena 2), Micaela (escena 4), Lilia Alejandra (escena 6) y Eréndira (escena 9) cobran vida para irónicamente contar cómo fueron arrojadas al dominio de la muerte implacable o al "desierto de la nada". *"Si trabajo muy duro, llegaré a ser alguien, mamá"* dice Natalia, quien estudiaba y también trabajaba en una zapatería. Pero un día no volvió más a casa. La voz de su madre, va contando entonces, cómo era su hija, la única mujer entre los varones que tenía y el último retoño *"del jardín de su corazón"*. El efecto dramático va en crescendo cuando el espectador/lector va siguiendo la representación de la secuencia de lo que realmente va sucediendo con los familiares una vez un ser querido desaparece súbitamente: Empieza con la interrupción de la rutina diaria de la llegada. Las horas empiezan a transcurrir. Primero la preocupación, luego el silencio que se hace sentir dándole cabida a la angustia y desesperación enorme, *"¿qué le habrá pasado, Dios mío? ¿Dónde andará?"*, exclama la voz de la madre. Acuden a la primera esperanza para solucionar la angustia: a la ayuda de la policía, pero la respuesta de ésta última, es la inacción. Hay que *"dejar pasar dos días"* para que se alarmen por su desaparición. Dos días en que mientras tanto, la joven se pierde definitivamente. Continúa la búsqueda preguntando a todas las personas que la conocen, quizás ellas la vieron, quizás se encuentra con alguna de ellas y está bien. *"Pos nada"*, dice la madre. La esperanza va bajando sus expectativas, van a los hospitales por si está herida y con vida, hasta forman grupos de búsqueda en el desierto. Pero *"nadie había visto nada; nadie sabía nada. Nada de nada"*. La angustia de los interrogantes y el implacable silencio, es lo único concreto: *"Yo no podía dormir nomás pensando dónde andaría mi hija, si estaría enferma, si se la habrían llevado, qué le habría pasado, por qué no me llamaba aunque fuera"*. El desenlace, llega con la verdad que no se quiere aceptar: su cuerpo aparece tiempo después. *"No supe si era mi hija, no era su cara"*. Después de la trágica desaparición, la vida de los seres queridos queda sin fuerzas para seguirla, la impotencia de no poder verla y sólo su foto para hablarle. Por ultimo, el golpe final: los periodistas abren los ojos a la realidad de que la joven ha sido una más de las mujeres inocentes víctimas del odio en Juárez, *"así me cayó la verdad de golpe, de repente. Por eso estoy aquí, para darle eco a la voz de Natalia, a otras voces que fueron acalladas por el silencio, a la fuerza"*, declara la voz de la madre *"despojada de su hija"*. La historia de Micaela, se conoce a través del diálogo con ésta última ejecutado por su prima compañera de risas y alegrías. El efecto del diálogo es crear la ilusión de que Micaela aún vive, a pesar de que no se encuentra presente. Es como hablar con alguien por teléfono, contándole todo lo que ha pasado durante su ausencia forzada: *"Me acuerdo de ti Micaela, cada vez que despierto, cada vez que me duermo"*. *"Yo siempre he dicho: aprendan a mi prima Quela, que le gusta todo, por eso es feliz"*. Como a tantas jóvenes a Micaela le gusta ver el amanecer, las estrellas, las ferias, los pajaritos, oler las flores, escuchar música. La voz de la prima, continua informándole a su querida desaparecida, sobre las gestiones infructuosas de sus padres con la policía, quienes no hacen nada por hallarla, por el contrario, la calumnian como a tantas otras, *"según ellos eras de lo peor. Eso pusieron en los expedientes: que eras drogadicta, que salías con muchos muchachos"* y de acuerdo con la voz de la prima, ¿qué importaba que hubiera sido así? ¿Eso es delito que merece el castigo de desaparición, tortura y muerte? Y peor aún, como era pobre, como las otras, las actitudes de los investigadores son de indiferencia. Total, nada pueden hacer sus familias. A la voz de la prima se unen las voces de otras mujeres que dan cuenta de las alarmantes estadísticas de las muertas *"cada historia parece ser la misma historia, multiplicada 100, 200, 300 veces o más"*. A la inacción del gobierno responden por parte de las mujeres, su clamor por la justicia, el miedo y el abandono: *"No pedimos mucho; sólo queremos justicia. Que no vivamos mortificadas pensando que cualquiera de nosotras, a lo mejor, no regresemos un día. Que alguien voltee sus ojos a Juárez y diga ¡basta! Alto a la impunidad"*. Al finalizar la escena de la historia de Micaela, que no tuvo un cierre con el cuerpo encontrado sin vida, la fuerza dramática está en mostrar el aferramiento a la esperanza de que aquélla no ha muerto y de que volverá para que todo sea como antes: *"Me asomo a la ventana a esperarte, porque sé que un día regresarás, un día volverás, para contarnos muestras cosas, para cantar, para que nos des un poco de tu risa y de tu alegría, Micaela. Yo sé que volverás… Yo sé que volverás"*.

La escena con la historia de Lilia Alejandra es la más impactante dado el recurso empleado. El espectador/lector es llevado a imaginar, o mejor dicho, a ver el terror del secuestro, el horror de la brutal violencia, el sadismo, la violación repetida, los golpes, los mordiscos, el estrangulamiento, el desnucamiento. Horror de ver lo que ha sido verdad. Y lo que no tiene nombre, el odio y la cobardía sin freno de tres HOMBREs contra una frágil, bonita e indefensa jovencita que desesperada e infructuosamente pide auxilio: *"Papá, mamá: ¡ayúdenme! ¡Auxilio! ¡Alguien que me ayude!* pero *"él termina de violarla, al acabar aún no termina el martirio de la joven hay dos hombres más. Al terminar la tiran al suelo y la empiezan a patear"*. La joven queda aún con vida por tres días hasta que deciden matarla dejando "su cuerpo sin vida, con la nariz fracturada, los labios reventados, los ojos golpeados, los brazos con quemaduras de cigarros, las piernas con cicatrices, las muñecas con huellas de ataduras y sus senos carcomidos" y para completar, lo que dejaron de la humanidad de Lilia Alejandra, lo tiran en un terreno baldío. Si verdaderamente el espectador/lector se compenetra con lo que le está mostrando la obra, no puede sentir más que horror, dolor, rabia, compasión. ¿Cómo es posible que exista esta realidad? ¿Cómo es posible tanta maldad inaudita? Y para lo peor, ¿sin freno ni castigo?

La última historia que se muestra en la obra es la de Eréndira. El diario de ella es el medio de presentación personal, íntima, clara y cándida como correspondía a una joven de edad soñadora, con optimismo, planes y esperanzas de una vida feliz: *"sueño con encontrar el amor de mi vida. La clave para saber con quien me voy a casar estará en la persona que me regale una rosa y con la que baile la canción 'cuando un HOMBRE ama a una mujer'. Mi sueño es casarme, vivir en una casa cómoda, tener un esposo con el que salga a pasear y tener un pedazo de carne que me llame mamá"*. Eréndira, era una de las muchas chicas esperanzada en tener la vida feliz a través de un HOMBRE que además le diera la oportunidad de ser madre...Y en lugar de ello, recibió la tortura, violación y muerte por ser mujer. Su cuerpo, estaba irreconocible. Su madre sólo supo que era ella por las uñas, los dientes y el cabello. Lo único que le quedó para aferrarse a su hija fue el diario. Ese diario en el que su dueña plasmó el presentimiento de que *"voy a descubrir algo"*. Ese día había despertado con miedo y tenía la necesidad inmensa de escribir. *"Sólo sé que necesito escribir, escribir y escribir para seguir viviendo"*. Irónicamente la joven no pudo seguir viviendo. Pero su diario sigue hablando por ella.

La voz del Actor, como se mencionó arriba, intercalada entre las voces femeninas, cumple un rol de informante, *"Desde 1993, según los datos reportados, ya son más de 600 mujeres las que han sido asesinadas y más de 600 desaparecidas en Ciudad Juárez, Chihuahua"*, de justicia *"las madres de las mujeres asesinadas o desaparecidas en Ciudad Juárez y Chihuahua se levantan todos los días para hacer el quehacer, las labores del hogar, ir a trabajar y para proseguir con sus demandas de justicia"*, de solidaridad y consciencia: *"Un monstruo inconsciente, no pensante. Uno de la manada que no respeta a sus iguales:*

se llama a sí mismo el HOMBRE. Mal haría en llamarle un animal. Esa palabra proviene de ánima: movimiento, alma. Más bien HOMBRE sin alma el HOMBRE que mata y se mata a sí mismo dando muerte". Y especialmente, de la luz y la esperanza, por encima de la negra realidad: *"mientras exista una luz, quedará la esperanza de que vuelvan nuestras mujeres, nuestras hermanas, nuestras hijas de regreso a casa"*.

Entre los recursos y técnicas que contribuyen a los efectos dramáticos la poesía cumple funciones de expresividad emotiva del dolor, *"soy una madre vaciada, mutilada, naufragada en el dolor de vivir sin mi hija, brutalmente, violentamente arrancada del jardín de mi corazón"*[11], de protesta indignada que desea castigar a los asesinos: *"Que sea tu tormento su desayuno, comida y cena. Y tu cruz leña verde ardiendo en el centro de su pecho"*, de oración-parodia del Padre Nuestro: *"No perdones a quienes nos violan, no perdones a quienes nos matan, no perdones a quienes entierran nuestros huesos bajo las arenas del desierto. Que no se haga más su voluntad"*. También, se encuentra la ironía al expresar que hay quienes consideran a Ciudad Juárez. *"la mejor frontera de México y la ciudad del futuro"* y a continuación el contrapunto del uso repetitivo de *"Y si…"*seguido de la enumeración de los secuestros, torturas, crímenes e impunidad que suceden en la misma Ciudad Juárez. La repetición también logra un efecto climático de la intervención de las voces actorales, cuando todas juntas en coro durante toda la escena 8, se unen en una inquisitiva, enjuiciadora, sarcástica y retadora voz ante la poca importancia que el gobierno le da al elevado número de muertas: *"¿Cuántas muertas son muchas?"* preguntan una y otra vez a medida que enuncian todas las cifras, circunstancias y atrocidades. En la obra se acumulan los *leitmotivs* dado que las historias que se muestran es la de una y todas las otras, bajo las mismas circunstancias, edades, familias doloridas e impunidad. Es así como se repiten las imágenes de las flores, las fotografías, los cuerpos muertos. También, los recuerdos, las esperanzas, sueños, bailes, música, el silencio, la pérdida, la espera, la angustia, la nada, nadie…No obstante todo lo anterior, en medio de la vida tronchada, buscando derrotar la oscuridad, en la obra se presenta de principio a fin una vela encendida como símbolo de esperanza y vida.

---

[11] Las citas de los poemas corresponden en orden de aparición a Eugenia Muñoz, Antonio Cerezo Contreras, María Hope y Juan Ríos Cantú.

La escena final es climática en cuanto al interrogante, que implica la queja, la extrañeza y la pregunta metafísica: "*¿Existe un Dios cerca de Juárez?*". Y dicen "*cerca*" como   resignación, porque lo que es allí mismo en el Juárez de tanto crimen sin castigo, no se ve asomo de una justicia divina ni mucho menos terrenal.

Por último, obras como *Mujeres de Arena,* orquestada con tanta conciencia, solidaridad, entendimiento y conocimiento de los hechos, merecen continuar su difusión y tarea artística humanística, mediante el poder de sus palabras que como arenas al viento, viajan en pos de las consciencias y la justicia.

SOBRE LOS AUTORES

Antonio Cerezo Contreras

Nació el 23 de marzo de 1977 en el Distrito Federal. Tenía 24 años al momento de su detención; estudia la carrera de Filosofía en la UNAM. Preso de Conciencia durante más de 7 años, fue recluido en el CEFERESO no. 1 del Altiplano, junto con sus hermanos Héctor Cerezo Contreras y Alejandro Cerezo Contreras, así como Pablo Alvarado. Ellos fueron víctimas de la impunidad que impera en nuestro país. Estuvo recluido no por secuestrador, narcotraficante, asesino o ladrón, estuvo preso, secuestrado, por su manera crítica de pensar, por tomar conciencia de que podemos vivir mejor y de que tenemos ese derecho.

Denise Dresser

Es periodista, politóloga, licenciada en Relaciones Internacionales con maestría y doctorado en Ciencia Política por la Universidad de Princeton. Es autora de numerosos artículos académicos sobre política. Como periodista, escribe una columna en el diario *Reforma* y en el semanario *Proceso*. También publica en los periódicos *La Opinión* de Los Ángeles, *Los Angeles Times* y *The New York Times*. Ha participado en el programa de debate "Séptimo Día". Su libro "Gritos y Susurros. Experiencias intempestivas de 38 mujeres" fue publicado por Grijalbo y produjo la serie de televisión del mismo nombre. Su último libro, escrito en colaboración con el novelista Jorge Volpi, es "México: lo que todo ciudadano quisiera (no) saber de su patria", una visión satírica del sistema político mexicano.

Malú García Andrade

Es hermana de Lilia Alejandra García Andrade, desaparecida el 14 de febrero, 2001, y cuyo cuerpo fue encontrado sin vida el 21 de febrero del mismo año. Junto con su mamá, Norma Andrade, y Marisela Ortiz, es uno de los pilares de la organización Nuestras Hijas de Regreso a Casa A.C.

María Hope

Nació en la ciudad de México en 1954. Estudió sociología, profesión que ejerció muy poco tiempo, y más tarde cursó el Diplomado de la Escuela de Escritores de Sogem. A partir de 1983 se dedicó al periodismo, oficio que aprendió principalmente sobre la marcha. Escribe cuento, intenta la poesía y crea textos cuyo género a veces resulta difícil precisar. Hoy trabaja por su cuenta como correctora de estilo e impartiendo talleres de redacción, lectura y escritura creativa. Su libro "Cuentos Impertinentes" fue publicado en 1995 por Tava Editorial y es coautora de adopción, "Los hijos del anhelo", libro-reportaje publicado por Editorial Norma. "Oración por las Muertas de Juárez" fue producto de la rabia, el dolor y la indignación sentida ante estos y otros feminicidios frente a los cuales prevalecen el silencio cómplice o la indiferencia gubernamental.

Eugenia Muñoz Molano
Es doctora en Literatura Hispanoamericana de la Universidad de Virginia en EE.UU y profesora de la Universidad Virginia Commonwealth en EE.UU. También desempeña los cargos de Coordinadora del Programa de Español y Directora del Programa de español en el extranjero en Cuernavaca, México. Entre sus publicaciones de crítica literaria están: el libro "Novelización y parodia en obras de Gabriel García Márquez, Rafael Humberto Moreno Durán, Fanny Buitrago y Jorge Eliécer Pardo". (Editorial Pijao, Bogotá) y numerosos capítulos en libros y artículos sobre autores hispanoamericanos publicados en revistas de diversos países. Como poeta ha publicado tres libros: "Voces y Razones", (Editorial Pijao, Bogotá), "Ser de mujer", (Ediciones Torremozas, Madrid) y "La vida en poemas", CD, (Nomega Estudios, Richmond, Va. EE.UU). También, poemas en antologías en Estados Unidos, España, Argentina y websites. La editorial *University Press of the South* en EE.UU. ha aceptado publicar su nuevo libro de poesía "Vida ensombrecida" y la editorial Heinle también en EE.UU., está considerando publicar su libro de enseñanza "Cómo analizar e interpretar poesía, cuento y teatro". Lecturas graduales.

Marisela Ortiz
La maestra es amiga de la familia García Andrade, y fue profesora durante tres años de Lilia Alejandra cuando cursó su educación media. Marisela, al conocer de la desaparición de Lilia Alejandra, apoyó a la familia en su búsqueda. En honor a su exalumna y motivada por el dolor de la pérdida, emprendió una serie de acciones en protesta por los hechos y la desatención policíaca a este y otros casos, lo que originó

el interés de otras familias afectadas que se unieron para exigir la justicia desde un frente común que luego llamaron Nuestras Hijas de Regreso a Casa. Marisela ha sido intimidada, perseguida y amenazada de muerte junto con su familia, por haber afectado los intereses del gobierno al difundir la serie de negligencias de las autoridades. Constantemente las autoridades descalifican su participación en la lucha, argumentando que ella no es madre de ninguna víctima, y la acusan de manera injusta de lucro, por el acompañamiento que hace a las familias en busca de la justicia jurídica y el mejoramiento de la calidad de vida de las familias afectadas que componen la organización.

Servando Pineda Jaimes

Juarense, nacido en Toluca, Estado de México. Periodista, ensayista, analista político y académico de la Universidad Autónoma de Ciudad Juárez (UACJ), donde se ha desempeñado como coordinador de la licenciatura en sociología, coordinador general de publicaciones y director general de difusión cultural y divulgación científica. Asesor político de la organización no gubernamental Nuestras Hijas de Regreso a Casa. Participó como experto en la denuncia que se interpuso ante la Comisión Interamericana de los Derechos Humanos por el emblemático caso del llamado Campo Algodonero de Ciudad Juárez. Actualmente colabora como analista político en el programa Hilo Directo que se transmite por Radionet 1490 Amplitud Modulada y por internet en: www.netnoticias.mx. Escribe en varias revistas de Chihuahua y Baja California y es autor de varios artículos científicos, capítulos de libros y libros, entre ellos, el más reciente "Pensar la Ciudad" de próxima aparición. Recibe correspondencia al correo: serpija@gmail.com

Juan Ríos Cantú

Escritor y director, actor egresado del CEA de Televisa. Ha participado en obras como "Joe" (Participante de la Muestra Nacional de Teatro en el '97), "El villano en su rincón" dirigida por Juan Morán, "Triste Golondrina Macho" de Manuel Puig bajo la dirección de Pablo Gershanik, "El Canto del Dime-Dime", dirigida por Boris Schoemann, "El amor desde el punto de vista de Camilo Sesto", "Todos tenemos problemas sexuales", "El Ornitorrinco" y "Mujeres de Arena" de Humberto Robles, "Orgasmos", entre otras. En televisión actuó en telenovelas como "Tres mujeres", "Ramona", "El derecho de nacer" e

"Infames". Sus trabajos en cine son "El segundo aire" de Fernando Sariñana, "¿De qué Lado Estás?" de Eva López Sánchez y "El Tigre de Santa Julia", dirigida por Alejandro Gamboa. Adaptó al teatro "Delitos Insignificantes" de Álvaro Pombo. Autor y director de las obras de teatro "Pazword", "Generación Atari" y "Dramarama". Director de los espectáculos "Ni Princesas Ni Esclavas", "Sólo quiero hacerte feliz", "Divorciadas", "7 Mujeres", "Los cuatro jinetes del apocalIFE", entre otras.

Humberto Robles - Dramaturgia

Dramaturgo y guionista independiente, autor de las obras de teatro "Frida Kahlo Viva la Vida", "La noche que jamás existió", "El Ornitorrinco", "Leonardo y la máquina de volar", "El Arca de Noelia", "Tomóchic: la voluntad de un pueblo", "Nosotros somos los culpables", entre otras, y de los espectáculos "Mujeres sin Miedo: Todas somos Atenco", "Ni Princesas, Ni Esclavas" y "Divorciadas Jajá Jajá", entre otros. Como dramaturgo ha recibido cinco premios de teatro, entre ellos el Primer lugar en el X Premio de la Fundación La Barraca de Venezuela y Premio Nacional de Dramaturgia "Emilio Carballido" 2014. Considerado el dramaturgo mexicano vivo con más montajes internacionalmente. Sus obras han sido montadas y representadas en 25 países, en tres continentes. Por otro lado, colabora con varias organizaciones de derechos humanos.

NOSOTROS SOMOS LOS CULPABLES

NOSOTROS SOMOS LOS CULPABLES

- La tragedia de la Guardería ABC -
Obra de teatro-documental basada en el libro homónimo de Diego
Enrique Osorno, con algunos poemas de los *49 Globos* de Juan Carlos
Mijangos Noh
Dramaturgia: Humberto Robles

Copyleft: *Esta obra está registrados bajo licencia* Creative
Commons. *Se otorga la libertad de llevar a escena esta obra de
teatro siempre y cuando el texto se conserve íntegramente y se dé
crédito a todos los autores, en todos los impresos y en todo tipo de
difusión, así como la dirección de la página web del* Movimiento Ciudadano
por la Justicia 5 de Junio: www.movimiento5dejunio.org (Para mayor
información al respecto favor de comunicarse a
hrobles@hotmail.com)

Esta obra no puede ser usada para fines de ningún partido político.

Por el montaje de esta obra el autor no percibe cobro por concepto de
"derechos de autor"; si existe algún ingreso por su representación, un
mínimo del 10% de las ganancias debe ser enviado al Movimiento por
la Justicia 5 de Junio.

Personajes: 4 HOMBREs y 4 mujeres

Esta obra puede representarse en un espacio abierto o cerrado.

Advertencia: Este texto no debe ser interpretado de forma melodramática, ni buscando conmover al público con gestos, llantos, gritos o actitudes cursis o sensibleras, ya que los padres de los 49 bebés nunca se han comportado de esa forma. A ellos los mueve la rabia, el dolor, la sed de justicia, el firme propósito de acabar con la impunidad, una dignidad pocas veces vista... no la sensiblería melodramática. Los testimonios son tan elocuentes y cargados de emociones que deben expresarse por sí mismos, y de esta forma concientizar, informar y conmover a los espectadores sin recursos fútiles, ni que desvirtúen el carácter de los valientes y admirables padres del Movimiento Ciudadano por la Justicia 5 de Junio.

Ficha técnica: Esta obra se estrenó en 2011 en el Foro Ana María Hernández, en el marco del segundo aniversario de la tragedia de la Guardería ABC, con las actuaciones de Juan Carlos Bonet, Michelle Solano, Edgar Álvarez Estrada, Marcela Morett, Irineo Álvarez, Sandra Sánchez Cantú, Carlos Macías y Claudia Aguirre, con música original compuesta e interpretada por Jean Angelus Pichardo. Posteriormente inauguró el Ciclo de Teatro Útil del Foro Shakespeare. También se montó con un elenco regional en Hermosillo, Sonora, en el Teatro Emiliana de Zubeldía y en la Plaza Emiliana de Zubeldía. Todo esto fue posible gracias al impulso y el apoyo de Daniel Gershenson y los padres del Movimiento por la Justicia 5 de Junio. Asimismo fue montada en Jalisco.

Publicaciones digitales: El texto de la obra está publicado en la página web *Cambalache*, sitio que promueve la "cultura libre" como una opción real de creación y promoción, en la sección *Escénicas*, con le objeto de que cualquiera pueda leerla, descargarla y representarla: http://cambalache.ws; también puede descargarse de la página web *Dramaturgia Mexicana*: www.dramaturgiamexicana.com

Sobre los Autores

Diego Enrique Osorno. Es reportero del Grupo Milenio desde 2000. Nació en Monterrey, Nuevo León, México, EN 1980. Estudió periodismo en la Universidad Autónoma de Nuevo León (UANL) y ha hecho cursos de información y guerra en la Universidad Complutense de Madrid. Sus crónicas y reportajes sobre asuntos sociales, políticos y del crimen organizado han aparecido en *Gatopardo*, *Indymedia*, *Nexos*, *Chilango*, *Letras Libres*, *Rebelión*, *Replicante* y *Narco News*. Escribe la columna "Esquirla" en *Milenio Semanal* y publica *Historias de Nadie*, el blog más leído de www.milenio.com. Tiene dos libros de poesía, es coautor de *Venezuela dijo no*, editado por el Instituto del Libro Cubano, y escribió *Oaxaca sitiada* (Grijalbo, 2007), *El cártel de Sinaloa* (Grijalbo, 2009) y *Nosotros somos los culpables* (Grijalbo, 2010). Como reportero ha viajado y escrito sobre situaciones de conflicto en Bolivia, Venezuela, Ecuador, Colombia, Argentina, Honduras, Perú, Haití, País Vasco, Siria, Líbano y China, además de dar seguimiento en México a la cuestionada guerra contra el narcotráfico lanzada por el gobierno de Felipe Calderón.

Humberto Robles. Es dramaturgo y guionista independiente; paralelamente colabora con varias organizaciones de derechos humanos. Es autor de las obras de teatro *Frida Kahlo: Viva la Vida*, *El Ornitorrinco*, *Leonardo y la máquina de volar*, *El Arca de Noelia*, *Ni Princesas ni Esclavas*, entre otras, y ha escrito varias obras de teatro-documental entre las que destacan el espectáculo multidisciplinario *Mujeres sin Miedo*, *Las Flores de Atenco*, *Nosotros somos los culpables* y *Mujeres de Arena*, que es la obra sobre los feminicidios en Ciudad Juárez más montada en el mundo y una de las obras contemporáneas más representadas en la actualidad, contando con más de 90 montajes en tres continentes. Como dramaturgo ha recibido cinco premios y sus obras han sido montadas en 25 países de América, Europa y Oceanía. Fue coordinador del Ciclo de Teatro Útil del Foro Shakespeare. Ha publicado diversos artículos sobre teatro y sobre derechos humanos en revistas de Argentina, Cuba, España y México. Es considerado el dramaturgo mexicano vivo más representado internacionalmente. www.humbertorobles.com

Esta obra está dedicada a los padres y madres del Movimiento Ciudadano por la Justicia 5 de Junio y a tod@s aquell@s que se han solidarizado con esta causa y luchan por la justicia.

Personajes: 4 hombres y 4 mujeres (puede ser interpretada por más actores y redistribuir los textos entre todos los participantes)

Esta obra puede representarse en un espacio abierto o cerrado.

- ACTO ÚNICO -

Escena 1: 5 de junio

Música. Tras unos instantes, poco a poco, van entrando todos los actores. Cuando ya están todos los actores distribuidos en el escenario, las voces y música van desapareciendo gradualmente.

HOMBRE 1: Aquel 5 de junio de 2009 nunca debió existir.

MUJER 1: En esa fecha ocurrió lo inimaginable...

HOMBRE 2: El más horrendo de los crímenes en la historia de este país.

MUJER 2: No se trató de una tragedia, porque éstas corresponden a caprichos terribles de la naturaleza [...] o a fallas técnicas o humanas que provocan muertos y heridos.

HOMBRE 3: Aquí hay un crimen colectivo de larga data, que comenzó mucho antes del día del incendio y que todavía no termina.

MUJER 3: Detrás del suceso hay muchos años de corrupción en los que una obligación del Estado se convirtió en franquicia para favorecer a unos cuantos.

HOMBRE 4: Todo se perpetró con la envoltura de la subrogación, un esquema perverso en la habilitación de las guarderías para los jodidos, es decir, los trabajadores, ellos y ellas...

MUJER 4: Entre menos gasten los dueños, mayores son sus ganancias[12].

HOMBRE 1: 49 bebés, niños y niñas menores de 3 años, murieron calcinados... y 70 bebés más padecen las secuelas de este incendio.

TODOS (*ad libitum*): ¿Quiénes son los culpables? ¿Quiénes? ¿Quiénes son los culpables? ¿Quiénes son? ¿Quiénes son los culpables?

MUJER 1: Desde aquel 5 de junio hay una voz que no deja de escucharse...

TODOS (*in crescendo*): Justicia... Justicia... Justicia... ¡Justicia!
Puente musical.

MUJER 3: 5 de junio de 2009. Hermosillo, Sonora. Guardería ABC.

HOMBRE 2: El 5 de junio iba a ser un día especial. Los niños de la guardería iban a ver películas, por lo tanto, en la mañana, mi esposa estaba acicalando y vistiendo a Yeyé, nuestro hijo [...] Iba guapísimo

---

12 Ricardo Rocha, del prólogo del libro

[…] Ese día se quedó muy contento cuando nos despedimos[13].

MUJER 2: Todos los que tenemos bebés en guarderías es porque necesitamos trabajar[14].

HOMBRE 4: Antes el almacén y la guardería eran una misma bodega donde había una maquiladora[15].

MUJER 4: Una vez le pregunté al guardia de seguridad de la bodega estatal: "¿Qué pasaría si todo esto explotara?", pero no me respondió[16].

HOMBRE 3: Ese día, cuando íbamos de camino a la guardería […] dejamos a mi bebé… se paró y dijo: "Adiós mamá"… […] Nunca pensamos que sería el último adiós[17].

Los hombres dan unos pasos hacia atrás y quedan las Mujeres al frente.

MUJER 3: A las dos de la tarde empezamos a acostar a los niños en las colchonetas de la sala, ya que es la hora de la siesta. Comencé a acomodarlos cabeza con cabeza, piecito con piecito para que durmieran y no se golpearan[18].

MUJER 2: Los niños estaban en la hora del sueño, es decir durmiendo, y nosotras las asistentes estábamos sentadas en el piso meciendo a los niños de los portabebés. Cuando sonó la alarma nos levantamos[19].

MUJER 4: Escuché un sonido raro, algo extraño, arriba del techo, […] del cielo, y me quedé estática, tratando de buscar de dónde provenía. Cuando bajé la vista comenzó a entrar humo […] un humo claro, cafecito… […] los gritos que escuché fueron "Alarma" y "fuego", y enseguida sonó la alerta de seguridad[20].

TODAS (*ad libitum, en voz baja, como un murmullo lejano*): ¡Alarma! ¡Fuego!

MUJER 1: Empecé a gritar mucho a los niños para que se despertaran y se levantaran… […] La sala se llenó de humo negro y lo que hice fue agarrar como a tres niños… […] A muchos no logramos despertarlos. Se quedaron dormidos. Cuando íbamos en el pasillo empezaron a caer pedazos de lona hirviendo[21].

---

[13] Julio César Márquez, papá de Yeyé
[14] Martha Milagros Méndez Galindo, tía de Juanito Fernández
[15] Ignacio Alduenda Salazar, empleado de la Agencia Fiscal del Estado
[16] Alma Dinorah Lucero, asistente educativa de la Guardería ABC
[17] José Cruz Álvarez, padre de Bryan
[18] Ana Sughey Hernández, asistente educativa de la Guardería ABC
[19] Maribel Hernández, educadora de la Guardería ABC
[20] Araceli Valencia Gracia, auxiliar de salud de la Guardería ABC
[21] Araceli Moroyoqui Contreras, asistente educativa de la Guardería ABC

MUJER 3: ¡Se está quemando la guardería, saquen a los niños!

MUJER 2: Había lumbre en el techo y al aplastar la alarma todo se apagó[22].

MUJER 1: Yo sola logré sacar como a 20 niños... pero había más bebés... [...] Luego se llenó todo de humo y me dijeron que se había caído el techo de la guardería y ya no me dejaron entrar[23].

MUJER 4: Recuerdo que tumbaban algunos muros o paredes para poder sacar a los niños que faltaban[24].

MUJER 3: Como pude, ahogándome por el humo, seguí avanzando con los bebés hasta que salí a la calle[25].

MUJER 1: Agarré a cuatro, los que pude. Se oyeron tres explosiones. Alcancé a llegar a la puerta principal, entregué a los niños que traía para que los sacaran, pero cuando iba a regresarme por mi hijo ya no pude. Empezaron a quebrarse todos los vidrios, empezó a tronar todo, todo se puso negro, no se veía nada y no pude sacar a mi niño[26].

MUJER 2: El humo y el fuego salían del techo, el cual comenzó a caer como si lloviera fuego[27].

MUJER 3: Sacamos como a 30 niños, pero no vi uno vivo; todos iban negritos, sus brazos sin fuerzas[28].

MUJER 4: Lo que hice fue empezar a jalar niños arriba de las colchonetas, pero no se despertaban[29].

MUJER 3: El cuarto niño que saqué me partió el alma; iba todo descarapelado [...] en la bata del uniforme se me quedó la carne cocida del niño. Lloraba, respiraba forzado, le iba diciendo que aguantara, que ya íbamos a llegar al hospital[30].

MUJER 2: Para mí es muy difícil decir esto porque siento impotencia de no haber logrado salvar más vidas[31].

MUJER 1: Había mucho humo espeso, empecé a tentar, tenté carnita, la agarré, cuando pude vi que era una niña, estaba toda quemada, no hacía nada; no lloraba, tenía los ojos grises. Nomás se me quedó

---

[22] Yolanda García Villalba, intendente de la Guardería ABC
[23] Elia Guadalupe González, intendente de la Guardería ABC
[24] Íbid
[25] Jazmín Miranda Burciaga, intendente de la Guardería ABC
[26] Daniza López, maestra de la Guardería y madre de Luis Daniel
[27] Luz Esthela Castillo Gurrola, jefa de Pedagogía de la Guardería y madre de Luis Carlos, niño sobreviviente
[28] Anónimo
[29] Araceli Moroyoqui Contreras
[30] Anónimo
[31] María Guadalupe Castillo Acuña, asistente educativa de la Guardería ABC

viendo, nada más abría la boca y la cerraba, como los peces[32].

MUJER 4: Se oía un caos, oía llorar a muchos niños […] sus llantos como de dolor y desesperación […] Pensamos que iba a explotar todo, ya que […] hay una gasolinera enfrente de la guardería[33].

Las Mujeres retroceden y los hombres avanzan.

HOMBRE 2: Ese día nos encontrábamos aquí por el arroyo, debajo de un árbol, cuando de repente comenzamos a ver un humaredón que se soltó hacia la gasolinera[34]...

HOMBRE 1: Pensamos que era la llantera […] Corrimos todos y ya cuando llegamos, […] vamos viendo que era la guardería[35]...

HOMBRE 4: Yo lo que hice fue meterme sin pensarla... Íbamos como tres morros[36]...

HOMBRE 3: Yo había dejado a mi niño en la Guardería ABC... me dijo adiós y me fui a trabajar. Al rato, cuando salgo de la planta Ford donde trabajo, vi una torre de humo, y le dije a un compañero: "Fíjate, ¿qué se estará quemando por allá?"[37].

Todos retroceden, sólo queda el HOMBRE 4 al frente.

---

[32] Anónimo
[33] Yolanda García Villalba
[34] Juan López Trujillo, el *Cayetano*, vecino
[35] Íbid
[36] Íbid
[37] Roberto Zavala, padre de Santiago de Jesús

Escena 2: Globo 7 y Globo 41

HOMBRE 4: Luis Denzel Durazo López.
TODOS: ¡No debió morir!

Música que acompaña al poema.

HOMBRE 4: Más caras que el dinero son:
Justicia plena,
Verdad preciada,
Razón fecunda,
Hermanas mayores
De una vida de paz llena.
Caros son
Al alma pura,
Al padre bueno,
A la madre abatida
Los abrazos de esta rabia compartida
Patria adentro de la luna llena
De asco por gobiernos que perjuran.
Luis nos sueña en la marea de sus juegos
En la órbita de la esfera donde gira
La belleza simple de su amor cenceño.
El ardiente corazón con que nos mira
Alimenta la derrota de mandones legos.

Termina la música.

Escena 3: Las tragedias duran un instante pero sus secuelas son eternas

Se pueden ver luces de torretas y escuchar sonidos de sirenas, que desaparecen gradualmente.

HOMBRE 3: Viendo fotografías descubrimos el rostro de nuestro hijo y pasamos a reconocerlo… Entramos en un estado de shock que no nos permitió expresarnos […] El arzobispo estaba ahí… […] yo lo veía distante, tan fuera de lugar, tan impersonal, no transmitía absolutamente nada[38].

HOMBRE 4: Fuimos a varios hospitales a buscar a mi hijo y nada… […] Luego fuimos al Semefo y cuando llegamos nos mostraron unas fotos: ahí estaba en una de las fotos… era él[39].

HOMBRE 3: Al otro día […] nos entregaron su cuerpecito […] Lo velamos a partir de las 11 de la mañana […] Mantuvimos el ataúd cerrado, no porque el niño estuviera lastimado, el niño murió por asfixia, por intoxicación, sin embargo, preferimos que toda la gente lo recordara sonriendo, jugando[40].

MUJER 1: A algunos de los niños que sobrevivieron el primer día se los llevan a Guadalajara… Allá empezó mi pesadilla […] Fuimos al hospital del Seguro Social. No, no era una clínica de quemados, era un hospital normal […] No nos dejaron pasar porque iban a tener una visita, que era la primera dama; para mí la primera dama y todos los de mejor posición son seres humanos como nosotros […] Todos somos seres humanos, no valemos ni menos ni más que nadie[41].

HOMBRE 2: Señor Jesús y padre nuestro, sabemos que existes. Tú que eres tan poderoso atiende nuestras súplicas que te hacemos desde lo más profundo de nuestros corazones. Ponemos en tus manos benditas a todos esos angelitos que están luchando por sobrevivir[42].

MUJER 2: Muchos niños llegaron con la piel derretida […] La clínica no se daba abasto[43] […] A las enfermeras les advirtieron que no podían hablar de nada de lo que había pasado.

HOMBRE 3: Después de que vimos la foto de Santiago, pasamos inmediatamente a una oficina donde estaba el arzobispo y el procurador […] Entonces el arzobispo toma la mano de Martha y le empieza a decir: "No, mira…" Le empieza a dar su choro… Le dije: "No diga nada…" "Es que, hijo…" "No, no, no diga nada, quédese callado, cállese"[44].

MUJER 1: ¿Por qué se llevaron a mi Juanito a Guadalajara, si lo estaban esperando en Sacramento? ¿Por qué hizo eso el Seguro Social?

---

[38] Julio César Márquez, papá de Yeyé

[39] Roberto Zavala, papá de Santiago de Jesús

[40] Julio César Márquez

[41] Martha Milagros Méndez Galindo, tía de Juanito Fernández, fallecido una semana después en un hospital de Guadalajara

[42] Oración publicada en periódicos por Raúl Álvarez, padre de Ximena, quien murió 17 días después de la tragedia

[43] Enfermera del Hospital CIMA

[44] Roberto Zavala

¿Por qué? [...] El gobierno se cree dios[45].

HOMBRE 2: Lo sepultamos en un panteón [...] el más distante de aquí a la ciudad de Hermosillo. Es el único niño que está sepultado ahí. Nos da cierta tranquilidad el saber que al niño lo visita muchísima gente que no lo conoce, que no lo conoció [...] Recibe muchas visitas, le dejan regalos, le dejan flores [...] A lo mejor es un consuelo, un consuelo que te hace cerrar los ojos a la realidad[46].

Se escuchan campanadas. Todos sacan cruces, zapatitos de niños y flores que van colocando en el escenario como en un altar.

HOMBRE 1: Ningún padre debería velar a su hijo, es la tradición.

MUJER 4: Funerarias, iglesias y cementerios de Hermosillo se convirtieron durante los días siguientes en los lugares de referencia de la ciudad.

HOMBRE 4: Apenas unas horas después del incendio [...] los tres niveles de gobierno dejaron ver lo que sería la manera de abordar la situación durante los días, semanas y meses siguientes: la manipulación y el cinismo.

MUJER 1: Funcionarios municipales, estatales y federales responsables de vigilar la operación de la guardería ABC, inicialmente le echaron la culpa de la tragedia a un aparato de aire lavado que en Sonora se le llama coloquialmente *cooler*...

HOMBRE 3: Luego pasaron a la acusación mutua, mientras que los beneficiarios de la subrogación, todos ellos ligados a personajes poderosos del PRI y del PAN, ni siquiera dieron el pésame en persona a los deudos.

MUJER 2: Para mitigar el dolor, la ciudad alabó a héroes ciudadanos que participaron con valentía en los rescates, como Francisco Manuel López, un joven vecino que usó su vieja camioneta *pick up* para abrir un boquete en la guardería en llamas e improvisar una salida de emergencia que le faltaba a la estancia infantil.

HOMBRE 2: Para los papás de los 49 niños fallecidos esa tarde y para los familiares de los otros pequeños que tuvieron consecuencias físicas y psicológicas, el significado de la palabra vivir cambia para siempre.

MUJER 3: Las tragedias duran un instante pero sus secuelas son eternas.

---

[45] Martha Milagros Méndez Galindo
[46] Julio César Márquez

TODOS (*ad libitum*): ¿Quiénes son los culpables? ¿Quiénes? ¿Quiénes son los culpables? ¿Quiénes son? ¿Quiénes son los culpables?

Todos dan un paso hacia atrás. Sólo queda la Mujer 4 al frente.

Escena 4: Globo 2 y Globo 1

MUJER 4: Andrea Nicole Figueroa.
TODOS: ¡No debió morir!

Música que acompaña al poema.

MUJER 4: Ricitos de cobre, sonrisa alada, manitas que hablan,
ojos que pintan la vida en colores.
Mejillas doblando la curva del mundo,
el otro, el más bueno, el gentil y dulce,
el que no nos duele porque tú lo alegras
con tu risa pura, con tu voz que nace,
con tu amor que nutre.
Tú no lo sabías,
pero ya en tu nombre tu destino estaba:
la que guía al pueblo, la que da palabras,
la que fortalece para la victoria,
esa que logramos cuando nos recuerdas
que somos los hijos que heredan la tierra,
que somos heraldos de tus esperanzas,
que somos semilla,
que somos un alma.

La Mujer 4 da un paso hacia atrás y el HOMBRE 3 avanza.

HOMBRE 3: Santiago de Jesús Zavala Lemas.
TODOS: ¡No debió morir!
HOMBRE 3: Santiago, camino de estrellas
Agüita y leche que riega el cielo
Nube risueña que vio el desierto.
Tierna ternura, di qué te hicieron
Isla de risas, ¿qué respondemos
A los bramidos de este dolor?

Guía estos pasos, pasos ya ciegos,
Olas que encrespan nuestro clamor.

Termina la música.

Escena 5: Las irregularidades

HOMBRE 1: El caso de la guardería ABC está repleto de irregularidades.

MUJER 1: Todas las maestras lo podemos decir abiertamente porque lo vimos. Tenían más de 10 días soldando dentro de la bodega pegadita a la guardería. Es mentira que fue un *cooler*. Lo que pasó es que estaban soldando, y como ahí guardaban papeles, placas, tambos de gasolina y diesel todo se quemó[47].

HOMBRE 1: Según un acta dirigida a los socios de la Guardería ABC en 2005, se les informaba que debían instalar una puerta en el acceso principal, tipo abatible en doble hoja...

MUJER 3: Así como: Instalar puertas de seguridad con barra de empuje abatible hacia el exterior...

HOMBRE 1: Y sustituir los plafones existentes con material no combustible, debido a que actualmente tienen instalado un plafón a base de lona plástica tipo carpa y es un material altamente combustible...

MUJER 3: Pero los dueños de la guardería hicieron caso omiso y nada de esto se hizo.

HOMBRE 4: ¿Una bodega puede ser habilitada como guardería, de acuerdo con la normatividad...?

HOMBRE 2: "No lo sé", respondió el delegado del IMSS en Sonora.

HOMBRE 3: ¿Una bodega puede ser utilizada como guardería...?

MUJER 4: "Si presentan el proyecto arquitectónico y cumple con los requisitos, sí", respondió la coordinadora de guarderías del IMSS.

HOMBRE 4: De acuerdo con la normatividad, ¿una bodega puede ser habilitada como guardería?

MUJER 2: "Me reservo el derecho a contestar"... así respondió el subdelegado del IMSS.

Pueden sacar fotografías grandes de Eduardo Bours, Juan Molinar Horcasitas, Daniel Karam, Carla Rochín, Felipe Calderón, Margarita Zavala y de los dueños

---

[47] Daniza López

de la Guardería.

MUJER 3: ¿Y qué declaró el que era gobernador de Sonora durante la tragedia, Eduardo Bours?

HOMBRE 4: Me subo a hacer ejercicio y digo "A ver si me caigo". Me han de ver muy cateado, pero no, sigo haciendo la hora de ejercicio y me bajo bien y todo. Por supuesto que me siento bien. ¿Cuánta gente puede decir abiertamente "Me he mantenido en mis principios y en mis ideales"? Duermo como bebito, como niño[48].

b: Los sueños del ex gobernador Eduardo Bours son la pesadilla de los niños de Sonora.

HOMBRE 2: Ante reclamos de los deudos, Bours llamó "inmorales" a los padres de la guardería ABC.

MUJER 1: Y el ex secretario del IMSS, Juan Molinar Horcasitas, respondió así cuando le preguntaron si tenía la conciencia tranquila:

HOMBRE 3: "Sí. A lo largo de mi carrera, y en particular como director del IMSS, siempre guié mis acciones bajo criterios de legalidad, honestidad y transparencia".

MUJER 1: Cuatro años antes de la tragedia existía un expediente que señalaba de manera fehaciente los cambios que debían realizar los dueños en la guardería ABC [...] pero los propietarios nunca hicieron las modificaciones solicitadas. A pesar de ello, Juan Molinar Horcasitas renovó el contrato de subrogación [...] ¿No es esta una prueba contundente de la culpabilidad de las autoridades y los propietarios?

MUJER 2: La comisión de magistrados que investigó la tragedia consideró que sí existió una violación grave de las garantías individuales en el caso y señaló como autoridades involucradas a un grupo de 16 funcionarios [...] entre los que destacaron el ex director general del IMSS, Molinar Horcasitas, y el ex gobernador de Sonora, Eduardo Bours.

HOMBRE 2: Y así mintió Margarita Zavala, esposa de Felipe Calderón, cuando se le preguntó si tenía algún parentesco con una de las dueñas de la guardería.

MUJER 4: "Efectivamente hay un parentesco con Marcia Matilde Altagracia Gómez del Campo Tonella, aunque yo no la conozco personalmente. Tengo entendido que tenemos un bisabuelo en común"[49].

---

[48] Eduardo Bours
[49] Margarita Zavala, primera dama espuria

HOMBRE 2: Sin embargo, en una nota de sociales de una fiesta privada en la ciudad de México, además de Felipe Calderón, estaba su esposa y dicha socia de la guardería celebrando el cumpleaños de Margarita Zavala. ¿No que no se conocían? La primera dama mintió.

MUJER 3: Felipe Calderón aseguró en junio de 2009 que la investigación llegaría a fondo, "caiga quien caiga, tope con quien tope"... A más de 6 años[50] de la tragedia, el caso permanece en absoluta impunidad.

HOMBRE 1: La coordinadora nacional de Guarderías en el gobierno de Felipe Calderón, antes de ostentar ese puesto, era la gerente de un restaurante en Guanajuato, Carla Rochín Nieto, amiga de Margarita Zavala. Después de la tragedia, fue cesada de su cargo, pero nunca fue procesada por permitir que una guardería funcionara sin las más mínimas medidas de seguridad.

MUJER 4: Socios de la guardería ABC comparecieron en agosto de 2009, pero se retiraron por contar con un amparo [...] En abril de 2010 cubrieron la fianza millonaria para enfrentar en libertad el proceso penal que se les sigue por el incendio [...] A la fecha continúan en libertad porque los delitos que se les imputan no son considerados graves... Y ahora muchos de ellos se pasean tranquilamente por las calles de Hermosillo.

HOMBRE 4: Cuidar niños de padres y madres trabajadoras asegurados, nada más en Sonora [...], significa un movimiento de más de 27 millones de pesos. [...] Los dueños de la ABC, donde había registrados por lo menos 196 niños, recibían cada mes más de 470 mil pesos.

MUJER 2: Entrevistaron a uno de los dueños y dijo que ellos eran las víctimas. Ríanse de eso: ¡Ahora ellos son las víctimas! ¿Él es una víctima más? ¿Y nosotros qué somos entonces? Que los metan a la cárcel, ahí es donde los quiero ver, no en la televisión[51].

HOMBRE 3: Irónicamente, el último golpe contra la justicia lo asestó justamente el máximo tribunal de justicia, la Suprema Corte de Justicia de la Nación, la cual, después de atraer el caso, determinó que Daniel Karam, Juan Molinar Horcasitas, y Eduardo Bours, no estuvieron involucrados en violaciones graves a garantías individuales por el incendio de la guardería ABC en Hermosillo, Sonora. La Corte determinó que sólo tienen responsabilidad funcionarios menores del

---

[50] Conforme pase el tiempo se debe ir actualizando el recuento de los años
[51] Marta Lemas, madre de Santiago

IMSS, del Gobierno de Sonora y del Ayuntamiento de Hermosillo.

TODOS (*ad libitum*): ¿Quiénes son los culpables? ¿Quiénes? ¿Quiénes son los culpables? ¿Quiénes son? ¿Quiénes son los culpables?

Todos retroceden, la Mujer 4 sale; sólo queda el HOMBRE 2 al frente.

Escena 6: Globo 26 y Globo 9

HOMBRE 2: Axel Abraham Angulo Cázares.
TODOS: ¡No debió morir!

Música que acompaña al poema.

HOMBRE 2: Entre los dedos de la hermandad
Se tejen lazos con besos,
Calladas respuestas,
Ausencias padecidas.
Sobre fraternas palmas
Se extienden imágenes, sombras,
Recuerdos y flores de leyenda que corre
Como las lágrimas y las noticias de que estás
De que nunca te fuiste,
Y el hacha de tu ingenio enamorado
Sigue esculpiendo los entornos de los días.

El hombre 2 retrocede y avanza la Mujer 3.

MUJER 3: Ruth Nahomi Madrid Pacheco.
TODOS: ¡No debió morir!
MUJER 3: He aquí que en los días en que sicarios gobiernan calles y palacios,
Tú nos animas con sed de justicia.
En las noches en las que se esconden los corruptos,
Tú nos alertas la vista con tu aliento.
Bajo la sombra ominosa del olvido,
Tú nos recuerdas la causa cuando nos amparas en la soledad,
Y nos dices que tu Dios, tu pueblo, tu camino y tu muerte son nuestros,
Como nuestra es la alegría de la resurrección inmortal de tu memoria

Que nos cura del amargo pan de la ignominia.

Termina la música.

Escena 7: La subrogación

Entra la Mujer 4 vestida con una túnica, una venda en los ojos y una balanza, representando a la Justicia.

HOMBRE 4: En el gobierno de Ernesto Zedillo, con el tramposo Esquema Levy, el cuidado de los hijos de los trabajadores se convirtió en una mina de oro para cierta élite ligada con el gobierno [...] Era la subrogación [...] Y la fama de las guarderías subrogadas como gran negocio recorrió los pasillos del poder.

MUJER 3: En este país es posible que el hijo de un trabajador vaya a una guardería cedida por el gobierno a particulares que no saben lo que significa cuidar niños.

HOMBRE 1: Los contratos de subrogación, en los sexenios de Fox y Calderón, fueron otorgados por el IMSS sin licitación alguna de por medio. [...] La subrogación es el Caballo de Troya de la privatización.

MUJER 2: El 5 de junio de 2009 quedó al descubierto una larga cadena de tráfico de influencias e impunidad. Se supo que cerca de 200 niños pasaban sus días en un bodegón improvisado como guardería que de ninguna manera cumplía con las medidas de seguridad adecuadas.

HOMBRE 3: El incendio de la guardería ABC fue causado por el quebrantamiento generalizado del Estado de derecho. El contubernio entre autoridades y particulares es tan evidente que no le pide nada a la definición de delincuencia organizada.

MUJER 1: Ninguno de los propietarios de la guardería dio el pésame en persona a los padres de los niños fallecidos. Al contrario, tres días después se declararon "víctimas" del siniestro, e incluso uno de los socios se atrevió a poner una denuncia penal contra quien resultara responsable por "daños materiales ocasionados por el incendio".

HOMBRE 2: Cruces blancas, calzado infantil y fotografías sacadas de álbumes familiares están acomodados en una esquina de la plaza Emiliana de Zubeldía en Hermosillo, Sonora. Nadie sabe a bien la historia de cómo fue construido este improvisado espacio, donde se recuerda a los 49 niños fallecidos. Lo único que está claro es que ninguna autoridad tuvo que ver con la transformación de este espacio.

MUJER 4: A los 49 niños de la guardería ABC les fue negada la más básica de las garantías individuales consagradas en la Constitución: el derecho a la vida... Después del 5 de junio de 2009, vale la pena preguntarse, ¿qué pasaría si mañana subrogáramos el IMSS? ¿Qué pasaría si mañana subrogáramos México?

Escena 8: Globo 3

Todos retroceden, sale la Mujer 4, sólo quedan al frente la Mujer 1 Y 2.

MUJER 1: Emilia Fraijo Navarro.
TODOS: ¡No debió morir!
Música que acompaña al poema.
MUJER 1: Por tus felices ojos acaso sepamos
que es mentira que el miedo nazca de lo oscuro.
El miedo, pequeña Emilia,
nace de días escritos con fuego por la incuria
y descritos desde lejos y por siempre
por una mujer que comparte contigo el nombre
y, ahora, los besos del tiempo que nunca termina.
Dijo Emily Brontë de un día que fue 5 de junio:
MUJER 2: "Las flores quedaron ocultas... las alondras enmudecieron, y las hojas tempranas de los árboles se ennegrecieron, como si hubieran sido heridas de muerte".
MUJER 1: Sin embargo, o por eso, Emilia,
en la brillante oscuridad de tu mirada,
en la noche de tu pelo
y en la mañana de tus recuerdos brota:
MUJER 2: "... La eternidad. Allí donde la vida no tiene límite en su duración, ni el amor en sus transportes, ni la felicidad en su plenitud".
MUJER 1: Lo sabía Emily Brontë,
lo sabes tú que su nombre llevas.
Urge a muchos corazones quebrantados
que vuelen las dos para enseñarnos.
Termina la música. Regresa la Mujer 4 con su ropa habitual.

Escena 9: Nosotros somos los culpables

MUJER 2: Entonces, ¿quiénes son los culpables?

HOMBRE 1: Los dueños dijeron que ellos no lo fueron.

MUJER 3: El ex gobernador de Sonora, Eduardo Bours, dijo que no era culpable... Y el actual gobernador, Guillermo Padrés, no ha hecho nada para que a los 49 niños y a sus padres se les haga justicia.

HOMBRE 4: Daniel Karam, Molinar Horcasitas y otras autoridades del IMSS dijeron que tampoco tenían responsabilidad en los hechos.

MUJER 4: Entonces, ¿quiénes son los culpables?

TODOS (*ad libitum*): ¿Quiénes? ¿Quiénes son? ¿Quiénes son los culpables? ¿Quiénes? ¿Quiénes son?

Todos salen de escena menos la Mujer 1 y el HOMBRE 3.

MUJER 1: La respuesta la dio Roberto Zavala, padre de Santiago de Jesús, frente al palacio de gobierno de Sonora. Era el primer acto de protesta en la vida de un ciudadano que solía votar por el PRI, al cual no le gustaban las marchas y que creía que siempre era verdad lo que decían los noticieros de la televisión.

(Sale del escenario)

HOMBRE 3: Entre el IMSS, los socios de la guardería y la persona que rentaba la bodega a Hacienda, ninguno ha aceptado su parte de culpa, pero hay un responsable que sí está aceptando su culpa y la lleva en las espaldas: ese soy yo. Yo soy el principal responsable, por ser una persona honrada que tiene un empleo, por tener que cumplir con un horario de trabajo, por tener la Seguridad Social que me dio la oportunidad, y me dio la elección de que entrara mi hijo a esa guardería donde me dijeron que contaban con todas las mediadas de seguridad. Yo tengo la culpa por confiar, tengo la culpa por pagar mis impuestos, yo tengo la culpa por ir a votar. ¡Yo soy el responsable de la muerte de mi hijo! Señor Gobernador, ¡aquí está uno de los responsables que está buscando! ¡Venga por mí! ¡Aquí lo estoy esperando! ¡Venga por mí! ¡Estoy harto! ¡Es demasiado que se estén burlando de todos nosotros! Que nos digan que todo está bien, cuando sabemos que México es una basura. Todo en las noticias: corrupción, narcotráfico. ¡Ellos se burlan de nosotros! ¡Yo soy el culpable por dejarlos! Yo buscaré al responsable de esto, a todos los culpables. Si no hay justicia por parte de las autoridades, habrá venganza por parte del pueblo[52].

---

[52] Roberto Zavala

Todos regresan al escenario tocando tambores, como en las marchas de Hermosillo; si es posible traen camisetas con las fotos impresas de los bebés. Otros pueden traer carteles y pancartas como "Justicia ABC", "Ellos en el cielo… ¿y la justicia?", "IMSS asume tu responsabilidad", "Por los 49 ángeles, justicia", "Asesinos de niños", etc. Como si se recreara una de las marchas.

MUJER 2: El Movimiento Ciudadano 5 de Junio nació días después, a contragolpe y luto… Una veintena de padres empezaron a conocerse y organizarse para evitar que su tragedia quedara impune.

HOMBRE 1: Otros familiares de las víctimas, maestros, empresarios, abogados, viejos activistas, jóvenes universitarios, periodistas, amas de casa y una amplia gama de ciudadanos se fueron sumando a la lucha de los padres.

MUJER 3: De la tragedia y la impunidad, surgió un movimiento… La Marcha por la Justicia, que encabezaron los padres de los niños muertos, reunió a más de 20 mil participantes y estremeció las calles de Hermosillo…

HOMBRE 3: A esta le siguieron muchas marchas más, y no sólo ahí, sino en muchas partes del país…

MUJER 4: Luego, a finales de 2009 y principios de 2010, integrantes del Movimiento Ciudadano por la Justicia 5 de Junio terminaron una huelga de hambre, después de 17 días de ayuno…

HOMBRE 4: Y las voces de padres y madres siguieron escuchándose… todas unidas en una sola voz…

TODOS (*in crescendo*): Justicia. Justicia. Justicia.

Todos dejan los tambores y pancartas, y se ponen cartulinas con cinta al cuello, con las fotos de los bebés que se indican. Es como si se recreara uno de los mítines.

MUJER 3: El papá de Emilia, los papás de Andrés, el papá de Xiunelth, la mamá de Luis Denzel, la mamá de Germán Paul, los papás de Bryan, el papá y la mamá de Yeyé, los papás de Santiago de Jesús… y muchos más…

HOMBRE 4 (*con la foto de Emilia*): Ya no es solamente mi hija; ya no es solamente la gente de la Guardería ABC. Ahora se trata de una responsabilidad como ser humano de cambiar lo que está sucediendo en el país. Si dejamos que suceda esto, que no pase nada, como humanos y como país […] estamos jodidos. ¿Qué más necesitamos para pedir que el gobierno haga su trabajo? ¿Qué más necesitamos? Si la muerte de 49 niños no es suficiente, no entiendo qué puede ser. ¿Qué más necesitamos?[53]

MUJER 2 (*con la foto de Andrés*): Mi hijo se llama Andrés Alonso García. Él era la razón de mi vida. El día 5 de junio fue el más difícil para mí, es un día que jamás voy a olvidar en todo lo que me resta de vida [...] No voy a permitir que esto quede así. No. Por esos 49 niños, pero no nada más por ellos, sino por todos los niños que sus mamás dejan confiadamente en las guarderías [...] Ustedes deben defender también una lucha para que se haga justicia [...] Como ciudadanos tenemos un deber, un deber cívico. Tenemos que hacer que esto cambie[54].

HOMBRE 1 (*con la foto de Bryan*): Cuando Margarita Zavala fue a visitarme a la casa yo casi no hablé. Nomás hubo un momento en que la miré a los ojos y le dije: "Señora, los culpables de lo que pasó son los dueños y el IMSS, nomás quiero decirle eso"[55].

MUJER 4 (*con la foto de German Paul*): Nuestro único hijo, German Paul, era todo para nosotros [...] Era nuestro orgullo, muy constantemente sentía miedo de perderlo, me imaginaba no tenerlo [...] Ahora que no lo tengo, es imposible explicar lo que siento, lo que sí puedo decir es que desde ese 5 de junio, lo que me atormenta es pensar en lo que pasó mi hijo adentro de la guardería, lo que sufrió, lo que gritó, lo que lloró y cómo me gritó; porque sé que me gritaba: "¡Mami, mami"! Desde el 6 de junio que él falleció ya no tengo miedo a morir, porque sé que estaré con él, esa será mi dicha, estar con él pronto[56].

HOMBRE 3 (*con la foto de Santiago*): Yo, antes de lo que pasó, era de los que decían: "Ya, pinche gente, cómo la hacen de pedo [...] Así estamos en México, no se puede arreglar nada, así vamos a seguir siempre, jodidos. Pinche país de mierda, la clase política siempre va a ser igual, siempre va a ser ese cáncer". Pero [...] el día que murió Santiago también murió el miedo a alguna represalia, o a ser reprimido [...] Cuando fueron enviados de Bours a la casa los pusimos pintos mi esposa y yo. Nos dijeron que si necesitábamos trabajo, no sé, algo, cosas. Les dijimos que se fueran: "En la vida he necesitado algo de ustedes y mucho menos ahora. No necesito nada del pinche gobierno

---

[53] Abraham Fraijo
[54] Patricia Duarte, mamá de Andrés
[55] José Cruz Álvarez, papá de Bryan
[56] Ofelia Vázquez, mamá de German Paul

ese, nada, nada"[57].

MUJER 1 (*con la foto de Luis Denzel*): Les pido que nos unamos, no ahorita, sino siempre, para salir adelante y que esto no se quede así. Todos se están escondiendo, todos [...] Pero no fueran, lo voy a decir, ¡que no fueran los hijos de las dueñas de la guardería![58]

HOMBRE 2: Vamos a ir hasta las últimas consecuencias[59].

MUJER 3 (*con la foto de Santiago*): Conózcanlo, véanlo, vean su cara. Él es Santiago. Jamás voy a volver a despertar con él, jamás voy a volver a tener una navidad con él [...] Véanlo, véanlo. Y todavía dice el socio de la guardería que él es una víctima. Dice que tiene una familia honesta; ¿cuál familia honesta si son una bola de cabrones, rateros, delincuentes?[60]

HOMBRE 2: Busco que la muerte de mi hijo no sea un absurdo más de los que ocurren diariamente en este país[61]... Yeyé: tú estás en el cielo... ¿y la justicia dónde está?

MUJER 2: Andrés era mi único hijo. Un hijo planeado muy deseado, y me lo quitaron. Me lo mataron el 5 de junio. ¿Quién me lo mató? La impunidad y la corrupción que predominan en este maldito país. Eso me lo mató. Ahora, ¿qué hago sin mi hijo? Mi corazón está lleno, muy lleno de amor por él; mi cerebro está lleno de recuerdos hermosos, pero mis brazos están vacíos. ¿Qué hago sin él? Quiero darle sentido a la muerte de mi hijo y a la muerte de estos niños. Quiero que, en medio de esta desgracia, salga algo bueno para los demás niños, para los que están con nosotros y por los que vienen [...] Necesito –para que mi corazón esté en paz- que la muerte de estos niños tenga sentido[62].

HOMBRE 4: La única forma de no pensar en mi hija es tener la cabeza cien por ciento en el movimiento ciudadano. Al momento en que entro a casa no hay consuelo, no hay nada, hay un vacío grandísimo, y nadie lo va a poder llenar[63].

MUJER 4: ¿Cuántas muertes más serán necesarias para darnos cuenta de que ya han sido demasiadas?[64] ¿Cuántas?

HOMBRE 1 (*con la foto de Xiunelth*): Estamos convencidos de que la

---

[57] Roberto Zavala
[58] Daniza López, maestra de la guardería ABC y mamá de Luis Denzel
[59] Movimiento Ciudadano por la Justicia 5 de Junio, primer manifiesto
[60] Marta Lemas
[61] Julio César Márquez
[62] Patricia Duarte
[63] Abraham Fraijo
[64] Cartel en la plaza Emiliana de Zubeldía

muerte de nuestros hijos tiene que ser un parteaguas, un antes y un después, para que la sociedad mexicana despierte del letargo que la envuelve, y que permite que el gobierno y los empresarios voraces dejen de lado la seguridad y el bienestar de la niñez de nuestra nación[65].

MUJER 4: Por los 49 ángeles exigimos justicia [...] Luchamos por un alto inmediato a la impunidad, la ilegalidad, la corrupción y el abuso de poder económico y político, venga de donde venga[66].

HOMBRE 4: A toda nuestra gente le agradecemos infinitamente su valiosa participación. Le pedimos que no desistamos de la lucha, que no olvidemos que al igual que las familias afectadas, estamos de luto[67].

MUJERES (*ad libitum*): ¿Usted qué haría se le mataran a su hijo? ¿Usted que haría? ¿Qué haría si le mataran a su hijo? ¿Qué haría?

HOMBRE 2: Yo era de las personas que criticaban a los luchadores sociales. Decía yo: "¿Por qué no ocupan su tiempo en trabajar?" Es algo increíble, ahora me arrepiento de haberlo dicho, de haber pensado alguna vez eso. A los que cierran las calles, es porque no les queda de otra para que el gobierno los atienda, porque el gobierno, la única forma de que atienda al pueblo, es bajo presión. Eso es histórico y es bien conocido[68].

MUJER 1: Le propongo al ex gobernador Eduardo Bours que me dé a uno de sus hijos a cambio de un millón 400 mil pesos, que es lo que él ofrece como indemnización a cambio de no demandar al estado[69].

HOMBRE 2: Los dueños de la guardería tienen que pagar con la cárcel. Tiene que ser un castigo ejemplar para que lo piensen bien los funcionarios y no caigan en lo que es tan común: corrupción, tráfico de influencias y negligencia. Tenemos que hacerles ver a ellos que esto no va a volver a pasar. Nosotros queremos encargarnos de ello[70].

MUJER 3: Sí, deberíamos ir a quemarle la casa a los dueños, tal vez, pero no somos igual de inhumanos que ellos[71].

HOMBRE 3: Yo cambiaría el estarme quemando toda la eternidad, con tal de que mi hijo Santiago estuviera vivo[72].

MUJER 2: Aunque no sean padres de familia de estos niños ni

---

[65] Manuel Rodríguez Amaya, papá de Xiunelth
[66] Movimiento Ciudadano por la Justicia 5 de Junio, comunicado del 13 de junio de 2009
[67] Abraham Fraijo
[68] Julio César Márquez
[69] Cristina García, mamá de Bryam
[70] Julio César Márquez
[71] Marta Lemas
[72] Roberto Zavala

pertenezcan a su familias, como ciudadanos tenemos un deber: hacer que esto cambie. No necesitar de otra desgracia para que esto cambie. Hay que hacer que venga un cambio radical, para que valga la pena, por lo menos un poco, todo lo que pasó[73].

HOMBRE 4: Si no llega la justicia, yo no tengo nada qué perder. Ellos me quitaron todo […] Queremos que las muertes de nuestros hijos no sean en vano. Hacemos esto para llegar a la conciencia de la gente buena[74].

MUJER 1: Nuestros niños y niñas fueron sacrificados en el altar del neoliberalismo. La sed desmesurada de ganancias, la descomposición moral de los gobernantes, de sus familiares y socios ha sido la causa[75].

HOMBRE 3: El actual gobierno puede pasar a la historia por la calcinación de 49 niños […] La Tragedia de la Guardería ABC habrá de escribirse con mayúscula, título del episodio convertido en prototipo de una época de México[76].

MUJER 4: ¿Dónde está hoy la justicia en nuestro país? ¿Por qué aún no se han fincado responsabilidades penales por el incendio? […] ¿Por qué el IMSS no ha asumido su responsabilidad?[77]

HOMBRE 2: La gente que tiene la culpa es gente que tiene dinero. ¿Y cómo quiere arreglar el gobierno lo que pasó? Con dinero. Eso no es lo que nosotros queremos. Nosotros queremos justicia, esa es nuestra demanda central[78].

MUJER 2: En aquel entonces, a Felipe Calderón le pedimos que decidiera si quería pasar a la historia como el presidente que acabó con la impunidad de un grupo de asesinos […] o como el gobernante que solapó y cobijó a quienes mataron y lesionaron a nuestros hijos[79].

Hacen sonar los tambores varias veces; luego todos retroceden unos pasos, queda al frente el hombre 1.

---

[73] Patricia Duarte
[74] Abraham Fraijo
[75] Catalina Soto, maestra universitaria
[76] Jacobo Zabludovsky, comentario radiofónico
[77] Sandra Lorenzano, El Universal
[78] Julio César Márquez
[79] Movimiento Ciudadano por la Justicia 5 de Junio

Escena 10: Globo 24 y Globo 43

HOMBRE 1: Ian Isaac Martínez Valle.
TODOS: ¡No debió morir!

Música que acompaña al poema.

HOMBRE 1: Ustedes, dueños de la avaricia,
Que nos echaron a las llamas;
Ustedes, perpetradores de la negligencia,
Que nos puso en manos de la desgracia;
Ustedes, nefastos que el poder detentan,
Que ocultan la maldad bajo sus talares vestiduras:
¿Por qué vienen con arras de arrepentimiento?
¿Por qué no con señas de penitencia?
Su presencia ante nosotros no es motivo de festejo,
Es agravio que se suma a la herida piel,
Al alma de nuestro cuerpo herido.
Desanden el camino que los trajo,
Echen sobre su cabeza y rostro
Las cenizas de infancias que abrasaron,
Rasguen sus atuendos idolátricos
Y sólo regresen
Cuando traigan por presente el don de la justicia.

Avanzan todos al frente.

MUJER 2: Jonathan Jesús de los Reyes Luna.
TODOS: ¡No debió morir!
MUJER 2: Y a ustedes, ciudadanos, cuarenta y nueve niños os hacen saber:
Que en México la justicia recuperó la vista,
Pero sólo mira con el ojo derecho y en sesgada forma.
HOMBRE 3: Que en este país la tal señora es manca como Venus de Milo,
Pero no es bella sino esperpéntica.
MUJER 4: Que en razón de los defectos antedichos,
La balanza que sostenía la fulana se arrastra y es del lodo.

HOMBRE 2: Que los sentimientos que vieron nacer la nación mexicana

No viven más bajo la toga de esa doña justicia

Escrita aquí con intencional minúscula.

MUJER 1: Por eso, mexicanos, este alado escuadrón os convoca:

A levantar el palacio de la Justicia con las propias manos,

Con el propio amor y con la verdad indefectible.

HOMBRE 4: A romper las tapias que los sátrapas cometen

Para segar nuestros, ojos, corazón y bocas.

HOMBRE 1: A luchar hasta que el último aliento nos alcance

Y se convierta en el primero de un país

Que sea digno paisaje de la paz que nos ganamos.

Termina la música.

MUJER 3: María Fernanda Miranda Huges.

HOMBRE 4: Marian Ximena Hugues Mendoza.

MUJER 1: Martín Raymundo de La Cruz Armenta.

HOMBRE 2: Monserrat Granados Pérez.

MUJER 4: Nayeli Estefanía González Daniel.

HOMBRE 3: Pauleth Daniela Coronado Padilla.

MUJER 4: Ruth Nahomi Madrid Pacheco.

HOMBRE 1: Santiago Corona Carranza.

MUJER 3: Santiago de Jesús Zavala Lemas.

HOMBRE 1: Sofía Martínez Robles.

MUJER 1: Valeria Muñoz Ramos.

HOMBRE 2: Ximena Álvarez Cota.

MUJER 4: Ximena Yánez Madrid.

HOMBRE 3: Xiunelth Emmanuel Rodríguez García.

MUJER 2: Jazmín Pamela Tapia Ruíz.

HOMBRE 1: Yeceli Nahomi Bacelis Meza.

MUJER 3: Yoselín Valentina Tamayo Trujillo.

TODOS: ¡No debió morir!

MUJERES: "Recuerdo, recordamos…"
HOMBRES: "Hasta que la justicia se siente entre nosotros".

MUJERES: ¡Ni perdón ni olvido!

HOMBRES: ¡No más impunidad!

TODOS: ¡Justicia!

Si se representa en un espacio cerrado o en exterior de noche, se apagan las luces y quedan las 49 velas encendidas. Si es en un espacio abierto y de día, todos sueltan los 49 globos al cielo.

- FIN -

LAS FLORES DE ATENCO

LAS FLORES DE ATENCO

Dramaturgia: Humberto Robles

Obra en un acto.

Versión teatral inspirada en los cinco espectáculos intitulados "Mujeres sin Miedo: Todas somos Atenco", representados a lo largo de 2006, todos con dramaturgia de Humberto Robles; los testimonios de la cárcel fueron recabados por el Comité Cerezo México, y la idea del espectáculo fue propuesta por el Subcomandante Marcos a Carmen Huete y al autor.

Todos los textos de los autores con asterisco (*) pertenecen al "Encuentro Nacional de Escritores y Escritoras por la Libertad y Justicia de los Presos Políticos de Atenco", 15 de junio, 2006.

"El teatro-documental retoma el quehacer de varios teatristas, como Bertold Brecht, que pensaban que el teatro debía cumplir también una función social, de denuncia, comprometido, no sólo la de divertir o entretener. El artista debe volver a comprometerse con la sociedad, denunciar lo que sucede. En momentos tan graves como los que atraviesa México, hay que comprometerse con las causas y los hechos que nos aquejan".

Obra dedicada al Frente de Pueblos en Defensa de la Tierra y
al Comité Libertad y Justicia para Atenco

ESCENA 1: LAS FLORES DE ATENCO

Oscuro. Silencio. Se ilumina lentamente el escenario en el cual sólo hay, sin orden alguno, diez sillas y algunos huacales (dentro de éstos hay sombreros de paja, paliacates rojos y machetes para cada actor y actriz). Poco a poco van entrando actores y actrices con sus ropas cotidianas y habituales; se saludan, ejercitan, vocalizan, se relajan, se concentran. Tras unos instantes, se escucha un ruido, un sonido o unos acordes musicales que llaman la atención de todos. Tras pausa:

ACTOR 1: En el principio fue el verbo.
En Atenco... fueron las flores.
ACTRIZ 1: El aleteo de una mariposa
puede provocar un huracán.
ACTRIZ 2: Unas rosas y unas margaritas pisoteadas
pueden causar una rebelión.
ACTOR 2: El lugar de las flores
es el cabello de una mujer.
ACTRIZ 3: El ojal de un saco de un caballero
o el florero de un altar
no el suelo,
pisoteadas bajo las botas policiacas.
ACTOR 3: Las flores nacieron para la vida
y acariciar el alma.
ACTRIZ 4: Las flores de Atenco
se mancharon de sangre
y mostraron la muerte.
ACTOR 1: En Atenco callaron las palabras y hablaron las balas.
ACTOR 2: En Atenco callaron las razones y hablaron las macanas.
ACTOR 3: En Atenco callaron los derechos y habló la intolerancia.
ACTOR 1: Habló la bayoneta, el gas, el golpe, la vejación.
ACTOR 2: Atropellaron la palabra, atropellaron la razón.
ACTRIZ 5: La ley es la sombra de la justicia.
ACTRIZ 6: La justicia es el eco del derecho.
ACTRIZ 7: El derecho es el arma del Estado.
ACTRIZ 2: Los derechos humanos o ¿derechos inhumanos?
ACTRIZ 1: Orden y paz.
ACTRIZ 3: Estado de derecho o derecho de estado.

ACTRIZ 4: Crimen de Estado o estado del crimen.
ACTOR 3: Mano firme, mano dura, mano sucia.
ACTOR 1: Mano firme: violación
ACTOR 2: Mano firme: reclusorio
ACTOR 3: Mano firme: represión
ACTRIZ 6: Las alas de la mariposa seguirán provocando huracanes.
ACTRIZ 5: Las flores de Atenco estarán muy pronto otra vez en su sitio y seguirán acariciando el alma.
Iluminando la vida[80].

Los actores forman tres grupos: Actor 1, Actriz 3 y Actriz 6; Actor 2, Actriz 1, Actriz 4 y Actriz 5; Actor 3, Actriz 2 y Actriz 7:

GRUPO 2: La soberanía nacional reside esencial y originariamente en el pueblo.
GRUPO 1: Todo poder público dimana del pueblo y se instituye para beneficio de éste.
GRUPO 3: El pueblo tiene en todo tiempo el inalienable derecho de alterar o modificar la forma de su gobierno[81].

ESCENA 2: LOS HECHOS DEL 3 Y 4 DE MAYO

El actor 2 y la actriz 4 interpretan a los cronistas, el resto forma dos grupos: uno el de los floristas y pobladores, y otro el de la policía. Los pobladores se ponen sombreros, paliacates rojos al cuello y blanden sus machetes, los cuales golpean uno contra otro. Utilizan las sillas, colocan los huacales con flores que luego serán derribados y las flores pisoteadas por el grupo de los policías. La escena se acompaña con efectos de botas militares, gritos, golpes, etc.

ACTRIZ 4: Miércoles, 3 de mayo de 2006.
ACTOR 2: Son las 7 de la mañana en el municipio de Texcoco, Estado de México. Ocho floricultores se disponen a instalar sus puestos y la policía municipal de Texcoco los enfrenta y finalmente los desaloja. Los floricultores piden el apoyo del Frente de Pueblos en Defensa de la Tierra. Los campesinos se defienden a pedradas y con sus machetes resultando varios de ellos detenidos. Hay ocho civiles y cuatro policías lesionados.

---

[80] Víctor Hugo Rascón Banda, "Las Flores de Atenco"
[81] Artículo 39 de la Constitución mexicana

ACTRIZ 4: 8:30 de la mañana. Los pobladores bloquean la carretera México-Texcoco.

ACTOR 2: 10:50 de la mañana. Aparecen más de 400 policías en las afueras del Mercado Belisario Domínguez de Texcoco.

ACTRIZ 4: A las 3 de la tarde, unos 400 policías municipales de Texcoco mantienen cercadas a 50 personas en una casa, tras haberlos desalojado del mercado de flores.

ACTOR 2: A las 3 con 12 minutos, luego de un enfrentamiento con la Policía Federal Preventiva, los lugareños retienen a seis policías, a quienes trasladan al centro de la localidad.

ACTRIZ 4: A las 5 de la tarde, un niño de 14 años de edad, Javier Cortés Santiago, muere durante los enfrentamientos. El deceso fue causado por impactos de bala.

ACTOR 2: A las 6 de la tarde, la policía desaloja y somete a los campesinos que estaban en resistencia y rodeados en el Centro de Texcoco. Ignacio del Valle, líder del Frente de Pueblos en Defensa de la Tierra, y otras 13 personas son detenidas.

ACTRIZ 4 (*tras pausa*): Cae la noche en San Salvador Atenco. Permanecen apostados cientos de ejidatarios sobre la carretera Lechería-Texcoco ante la posible llegada de la fuerza pública. El poblado queda incomunicado.

Oscuro. Todos encienden sendas linternas. Ahora el actor 1 y la actriz 5 son los cronistas. Los demás se mantienen en los dos grupos: los pobladores y la policía; utilizan las sillas y huacales como barricadas, que luego son rotas por los policías. Los pobladores chocan sus machetes unos contra otros. Se acompaña con efectos sonoros como el sonido de campanadas, botas militares, gritos, golpes, helicópteros, macanazos, explosiones, disparos, sirenas, etc.

ACTOR 3: Jueves, 4 de mayo.

ACTRIZ 5: En la oscuridad de la madrugada, las campanas de la iglesia de Atenco comienzan a repicar anunciando la inminente entrada de la policía.

ACTOR 3: Al alba, más de 3 mil 500 policías de la Policía Federal Preventiva y la Estatal inician su ingreso a Atenco.

ACTRIZ 5: Los campesinos movilizados, así como integrantes de diversas organizaciones que apoyaron sus demandas, intentan repeler la embestida policiaca.

ACTOR 3: Los principales accesos a Atenco quedan bloqueados por elementos de seguridad pública para evitar que los habitantes vuelvan a cerrar las vialidades y a retomar el control del municipio. Se realizan cateos sin orden judicial, con extrema violencia, perpetrándose robos y destrozos.

ACTRIZ 5: En el operativo los policías usan gases lacrimógenos, golpean a todas y todos los que encuentran a su paso, ya sean HOMBREs, mujeres, niños o ancianos, allanan muchas casas; sin ninguna orden judicial, saquean varias de ellas así como varios negocios.

Apagan todas las linternas, el escenario queda a oscuras. Los sonidos van in crescendo, permanecen durante unos momentos y luego van diluyéndose poco a poco, salvo las sirenas. Se ilumina lentamente el escenario. Sólo están el actor 3 y la actriz 5.

ACTOR 3: Por la tarde comienzan los traslados de detenidos al penal estatal de Santiaguito, en Almoloya de Juárez. La lista de detenidos no se hace pública y priva la desinformación; la mayoría de las personas fueron detenidas con un uso excesivo de violencia.

ACTRIZ 5: El jefe del Estado Mayor de la Policía Federal Preventiva, aseguró que el "grupo violento" de los pobladores de Atenco estaba prácticamente desarticulado.

ACTOR 3: Autoridades del Estado de México confirman la detención de más de 200 personas en los *operativos* realizados en San Salvador Atenco y Texcoco.

ACTRIZ 5: Hasta ese momento, las autoridades del Estado de México les niegan la comunicación a los familiares e inclusive a algunos abogados defensores.

ACTOR 3: En una Misión Civil de Observación, organizaciones de derechos humanos constatan la presencia de menores de edad, heridos, extranjeros y personas ajenas a los hechos entre los detenidos, aunque les fue negado el acceso al reclusorio; de la misma manera, en Atenco se recaban testimonios de la violencia desmedida con que el operativo ha sido realizado.

ACTRIZ 5: De los 207 presos en San Salvador Atenco, 47 son mujeres. De las mujeres, 26 de ellas denunciarán más tarde ante la Procuraduría General de la República haber sufrido violaciones y abusos sexuales.

ACTOR 3: De aquella larga noche, de aquel amanecer terrible y desde prisión, provienen estos testimonios de quienes se atrevieron a denunciar lo que sufrieron en carne propia. Este es el eco de sus voces. *El escenario ha quedado con flores en el piso, machetes, sombreros, paliacates, las sillas y los huacales regados y tirados sin ningún orden.*

ESCENA 3: INTERROGATORIOS

Los tres actores obligan por la fuerza a todas las actrices a sentarse en las sillas distribuidas sin orden por el escenario. Los actores quedan de pie, al público. El sonido de las sirenas va disminuyendo hasta desaparecer.

ACTOR 2: En el penal, cada mujer fue interrogada por separado.
ACTOR 3: No se les permitió hablar entre ellas, por lo que es evidente que no pudieron ponerse de acuerdo en las declaraciones.
ACTOR 1: Lo sorprendente es que cada testimonio parece el mismo multiplicado 3, 5, 10 veces o más.

Los tres actores se pasean frente a ellas interrogándolas como policías:

ACTOR 2: Nombre.
ACTRIZ 2: Cristina…
ACTRIZ 4: Valentina…
ACTRIZ 6: Bárbara Italia…
ACTRIZ 1: Mariana…
ACTRIZ 3: Samantha…
ACTRIZ 7: Norma…
ACTRIZ 5: Marta…
ACTOR 3: Edad.
ACTRIZ 1: Tengo 18 años…
ACTRIZ 7: 29 años…
ACTRIZ 2: Tengo 30 años…
ACTRIZ 6: Tengo 39 años…
ACTRIZ 3: 20 años…
ACTRIZ 5: Tengo 23…
ACTRIZ 4: 58 años…
ACTOR 1: Profesión.
ACTRIZ 3: Comerciante…
ACTRIZ 4: Estudiante…
ACTRIZ 1: Trabajadora doméstica…

ACTRIZ 2: Empleada del IMSSS...

ACTRIZ 5: Ama de Casa...

ACTRIZ 7: Estudiante de cinematografía...

ACTRIZ 6: Obrera...

ACTOR 2: Lugar de Procedencia.

ACTRIZ 5: Texcoco, Estado de México...

ACTRIZ 7: Chile...

ACTRIZ 6: Distrito Federal...

ACTRIZ 3: Alemania...

ACTRIZ 2: Los Reyes, La Paz...

ACTRIZ 4: España...

ACTRIZ 1: San Salvador Atenco...

ACTOR 3: ¿Qué les robaron?

ACTRIZ 4: 16 mil pesos de los destrozos de mi casa...

ACTRIZ 6: 450 pesos dentro del penal...

ACTRIZ 2: Mochila, reloj, objetos personales...

ACTRIZ 7: Todo mi equipo de fotografía, cámara, lentes, filtros...

ACTRIZ 1: Dinero, gargantillas y destruyeron cosas de mi casa...

ACTRIZ 3: Dos cadenas de oro, una virgen de Guadalupe y un san Judas Tadeo...

ACTRIZ 5: Celular y reloj, y principalmente mi dignidad...

ACTOR 1: ¿Le mostraron orden de aprehensión?

ACTRICES (*cada una, una por una, dicen "no"*): No...

ACTOR 2: ¿Cómo fue maltratada?

ACTRIZ 3: Abuso sexual...

ACTRIZ 4: Tortura psicológica, pusieron un palo entre mis glúteos por encima del pantalón.

ACTRIZ 2: Abuso sexual, tortura física, insultos durante toda la detención...

ACTRIZ 1: Me hicieron hacer sexo oral a tres policías y me manosearon en la vagina y los pechos por cuatro o cinco horas en el transcurso del traslado al penal...

ACTRIZ 6: Abuso sexual en una patrulla estatal, 10 minutos por granaderos y abuso sexual a todas las mujeres...

ACTRIZ 5: La Policía Federal Preventiva y la policía estatal me desnudaron, violaron, golpearon y me obligaron a viajar todo el trayecto desnuda durante cuatro horas...

ACTRIZ 7: Amenazas de muerte... Golpes en la vagina, patadas, humillaciones, macanazos en la cabeza...

Los tres actores corren una reja a lo largo del escenario, que queda entre ellos y las actrices; ellas quedan tras las rejas.

ESCENA 4: EL SALDO

ACTOR 2: Los días 3 y 4 de mayo de 2006, más de 3 mil 500 policías del gobierno Municipal de Texcoco, del Estado de México y de la Policía Federal Preventiva, atacaron salvajemente a la población de San Salvador Atenco y a todas las personas que habían acudido a solidarizarse con ellos.

ACTOR 1: El Gobierno Federal, Estatal, y del Municipio, provenientes del PRI, PAN y PRD, atacaron al pueblo de Atenco con una brutal represión y terrorismo de estado.

ACTOR 3: Después de la actuación de la policía, éste fue el resultado:

ACTOR 2: El joven de 14 años, Javier Cortés Santiago, fue asesinado. En la necropsia se descubrió que la bala que lo mató es de las mismas que usa la policía.

ACTOR 1: El miércoles 7 de junio, después de un mes en coma, murió el joven de 20 años Alexis Benhumea. Falleció por un arma de gas lacrimógeno que le disparó la policía directo a la cabeza. Alexis era un alumno brillante, además de estudiar danza, estudiaba dos carreras en la Universidad Nacional Autónoma de México.

ACTOR 3: Se detuvo a 207 personas, todas de manera arbitraria, sin mostrarles órdenes de aprehensión.

ACTOR 2: De las mujeres detenidas, 26 denunciaron abuso sexual. El cuerpo femenino fue el botín de guerra.

ACTOR 1: El 85% de los detenidos fueron golpeados y torturados. Muchos de ellos presentaron fracturas y heridas graves.

ACTOR 3: Cinco extranjeros fueron expulsados ilegalmente del país: dos españolas, una alemana, un chileno y una chilena. Las cuatro mujeres también denunciaron abusos sexuales por parte de la policía.

Las actrices pasan al frente y los tres actores quedan tras la reja.

ESCENA 5: TESTIMONIOS I

ACTRIZ 1: Nos reúne aquí la indignación... Nos reúne la humillación, la compasión por las mujeres violadas, pero también la esperanza de que nuestras voces formen un río que ladre esta injusticia... A cuatro años de los hechos del 3 y 4 de mayo, en San Salvador Atenco, donde hombres y mujeres, a bala y garrotazo, fueron violentados, detenidos sin órdenes de aprehensión, ultrajados y violados sexualmente. "De quienes la fuerza bruta, la mano armada del mal gobierno, condujo, violando también todo procedimiento legal, al penal de Santiaguito y a Almoloya.... De quienes son el dolor que nos hace fuertes. De quienes tienen los ojos más dulces y profundos que nunca vi, y eso que fue a través de una reja tan cerrada que sólo dejó espacio para nuestras miradas. De esas mujeres y esos hombres que son nuestro ejemplo de vida".[82]

ACTRIZ 3: El día 4 de mayo en la madrugada, sonaron las campanas. Era falsa alarma de que en Atenco entrarían las fuerzas de la policía. Pero a las seis de la mañana empezaron los actos violentos. San Salvador Atenco era sitiado. Había gases lacrimógenos que te hacían vomitar. La gente estaba desarmada frente al gran armamento de los granaderos. Empezaron a replegar a la gente hasta el centro de la plaza, cuando suena el aviso de ataque. La gente que se encontraba en la plaza corrió. Yo fui a refugiarme en una casa, cuando al pasar cuarenta minutos, entraron hombres uniformados gritando que nos pusiéramos contra la pared, con las manos en alto, sin verlos. Empezó un interrogatorio que iba seguido de amenazas y golpes. Nos grababan y tomaban fotografías. A los que les parecía, más golpes. A los que traían tatuajes se les amenazaba que se los iban a quitar con navajas.

ACTRIZ 7: Los golpes siguieron, me golpeaban cada vez que me preguntaban datos generales. Después se escucharon órdenes de sacarnos por la parte trasera. Nos sacaron de cinco en cinco, con la cabeza abajo. Nos dieron órdenes de sentarnos en la banqueta, en donde no podíamos ver a nuestros agresores ni por error, porque eran golpes seguros. Nos despojaron de todo y los golpes continuaban. Nos subieron a mí y a la gente que se encontraba ahí en un autobús. Me tocaron los pechos e introdujeron sus dedos en mi vagina, con risas y amenazas me gritaban que me iban a violar y que iban a matarme al

---

[82] Ofelia Medina

igual que a mi familia porque ya tenían mis datos y entonces sería más fácil localizarlos. Después de ingresar a un parque me enteré que estaba en Almoloya.

ACTRIZ 2: Algunas de las compañeras más golpeadas, con lesiones aún evidentes, son a las que el juez segundo, anexo al penal de Almoloya, por medio de una maniobra legaloide, les está negando el derecho a fianza agravándoles el cargo de "ataques a las vías de comunicación". Así evitan que salgan para que no denuncien las golpizas y el abuso sexual y no se realicen los peritajes, porque de por sí están negando la entrada a los médicos de derechos humanos al penal para que no tengamos pruebas de los ultrajes.

ACTRIZ 6: Son públicos los testimonios de una estudiante chilena y de dos ciudadanas españolas ilegalmente expulsadas. Las tres declaran que las manosear, abusaron, golpearon, insultaron y humillaron de todas la maneras. Es público el testimonio de dos estudiantes que refieren lo mismo. Existe el testimonio de una mujer de 50 años, que no fue detenida, a la que tres policías la forzaron a hacer sexo oral.

ACTRIZ 5: Somos inocentes... Los que nos golpearon, los que nos violaron están en la calle. Ellos deberían estar aquí, ¡aquí! Ellos están libres, ellos están gozando con su familia o yo no sé dónde estén. Pero nosotros, que no debemos nada, aquí estamos. Como dicen los compañeros, con todas sus cámaras y apuntándonos, eso no nos garantiza nada, y no nos ayuda en nada. Quisiéramos que algunos de ustedes hubieran vivido unos minutos, nada más minutos, ¡porque a nosotros se nos hicieron años! ¡Años! Esas golpizas que nos dieron. Y por dignidad estamos aquí, gente inocente.

ACTRIZ 4: Ya están conformes con los changos que están viendo detrás de las reja, ¿qué más quieren oír? ¿Por qué nos ven como si fuéramos bestias raras, déjenos de apuntar con las cámaras? Denos su pinche veredicto, déjenos de vernos como animales detrás de unas rejas de zoológico. ¿Qué es lo que tenemos de raro? ¿Qué tenemos dignidad? Pues sí, sí la tenemos.

ACTRIZ 1: Tenemos que señalar aquí, que quien estuvo llamado a reprimir abiertamente al pueblo durante todo el día 3 de mayo, fue Televisa, fue TV Azteca que decían: "qué indignante que algunos campesinos estuvieran correteando a nuestra policías... ¿qué esperaban los mandos del gobierno, el presidente... quién tenía que decidir para imponer el orden a esta gente?"

ACTRIZ 3: Y hoy se ve a los legisladores, a los diputados que dicen "que hubo mano firme" para poner orden. Es la misma mano que hubo en el 68, es la misma mano firme que hubo en el 71... en Chiapas... en Acteal...

ACTRIZ 7: ¿Han olido la sangre humana o nomás se divierten viendo el sufrimientos de los demás? ¿Han sentido lo qué se siente viajar en un camión de granaderos, en donde la sangre chorrea por todos lados de los compañeros madreados, en donde huele a sangre humana, a rastro? ¿Han sentido lo que es eso? Y ahora le pregunto a todos los que tienen sus camaritas y los que están grabando: ¿Cuánto de esto va a salir en la televisión... un minuto, cinco segundos, o simplemente van a poner Auto de Formal Prisión a los delincuentes de Atenco? Tengan ética, señores, ¡busquen un trabajo digno! Si no, pa' que gastamos saliva.

ACTRIZ 2: ¿Quieren que nos desnudemos para que vean todo lo que nos hicieron? ¿Quieren que les enseñe? Sí, así estoy: toda negra. Así estoy, toda negra... descalabrada, cuando yo no debo nada... ni soy de aquí y los que me golpearon, los que me pisotearon, están en la calle.

ACTRIZ 6: ¡Y están recibiendo dinero del gobierno, son pagados para golpear, son pagados para violar, son pagados para abusar de nosotros, de nuestros derechos! ¡Nosotros tenemos pruebas de lo que nos hicieron ¿Dónde están las pruebas de ellos?!

ACTRIZ 5: Es importante que los medios manejen esta noticia como es: el único delito del que se nos debería de acusar es por pensar. Ése fue nuestro delito: pensar y criticar al sistema.

Los actores 2 y 3 pasan al frente; el actor 1 y las actrices van tras la reja. Ellas y el actor 1 se ponen sombreros, paliacates, alzan sus machetes y forman dos grupos:

ACTOR 3: San Salvador Atenco había saltado a la luz pública cinco años antes, en 2001, cuando el gobierno del entonces presidente Vicente Fox emitió un decreto expropiatorio de tierras para construir un aeropuerto afectando varios municipios del Estado de México, incluyendo al de Atenco.

ACTRICES GRUPO 1: ¡Tierra sí, aviones no...!

ACTRICES GRUPO 2: ¡La tierra no se vende, se ama y se defiende!

ACTOR 2: Ante esto, los ejidatarios y la población afectados por el decreto– a quienes el gobierno federal les pagaría la mísera cantidad de siete pesos por metro cuadrado- se opusieron al proyecto y pronto iniciaron un movimiento de resistencia civil que generó violentos enfrentamientos entre los habitantes y las fuerzas policiacas.

ACTRICES (*a coro, en segundo plano, como un eco lejano*): ¡Zapata vive… la lucha sigue…! ¡Zapata vive y vive…! ¡La lucha sigue y sigue!

ACTOR 3: Finalmente el gobierno federal se vio obligado a cancelar el proyecto y derogar el decreto presidencial, pero el movimiento de los habitantes de Atenco permaneció activo… Los sucesos del 3 y 4 de mayo fueron la venganza gubernamental ante la afrenta del aeropuerto contra los pobladores de Atenco y contra el Frente de Pueblos en Defensa de la Tierra.

ACTRICES (*a coro, en segundo plano, como un eco lejano*): ¡Lucha, lucha, lucha, no dejes de luchar… por una causa justa de tierra y libertad!

Las actrices dejan los sombreros, paliacates y machetes.

ESCENA 6: CARTAS Y RECADOS

Las actrices y el actor 1 sacan papeles escritos y los blanden fuera de las rejas.

ACTOR 2: Estas son algunas de las cartas y recados que lograron enviar algunos presos y presas a sus amigos y familiares:

ACTRIZ 6: Hola, quiero decirte que nunca he dudado de que me quieras, tú nunca dudes de que yo te amo, hermanita. Échale ganitas, no te desanimes, todo estamos bien, a pesar de todo. Ya saldremos y nos abrazaremos, hermanita. Ánimo, y anima a mi mamá y a mi abuelita. Sé que también estás informando a tus maestros ¡Eso, échale ganas! ¡Ánimo!

ACTRIZ 3: Tíos, tías, primos, primas, abuelita: ánimo todos. Estamos bien dentro de lo que cabe. Estamos bien a pesar de todo lo malo que pasó. Cuídense mucho. Les quiero a todos y todas, y sé que están acá, junto a uno. Italia también les agradece y les quiere. Ella está bien a pesar de las mierdas que vivió. Es una mujer fuerte y entera.

ACTOR 1: Me imagino que estás moviéndote allá afuera por mí, por todos y por todas. Chido, mujercita, te quiero, ustedes… usted es mi aliento, mi libertad, mis sueños y mi corazón. ¡Salud y te quiero! Tengo mil palabras para ti, pero hoy no creo poder escribirle más. Tú ya sabes, mujercita, la luna nos cuida.

ACTRIZ 2: Abuelita, quiero que sepas que te quiero mucho. No te preocupes, abuelita. Nosotras estamos bien. No te voy a decir que no nos hicieron nada porque pues ya lo has de saber, pero no importa porque en el fondo no lograron dañar nuestra humanidad y nuestro corazón. Estamos de pie, abuelita, y te queremos un chorro, no te preocupes, ya saldremos pronto. Te queremos.

ACTRIZ 5: Desde el penal de Santiaguito escribo:
Estas rejas nunca podrán encerrar nuestros corazones.
Nunca encerrarán nuestro ácrata sueño de libertad.
Dentro de estas paredes
Laten fuertes los corazones
Llenos de coraje, rabia, amor y anarquía.
Nuestros sueños son más altos
Y vuelan más que cualquiera de estas grises bardas.
Nuestra libertad se grita
En el viento de esta noche
Esparciéndose en la tierra.

ESCENA 7: DECLARACIONES DE LAS AUTORIDADES

El actor 1 sale de las rejas y se une a los dos actores; las actrices quedan tras las rejas. Los tres actores se ponen sacos de vestir y corbatas.

ACTOR 1: Las siguientes son algunas de las declaraciones de autoridades involucradas en los hechos de Atenco.

ACTOR 2: El entonces presidente Vicente Fox expresó: "Los lamentables hechos de violencia provocados por un pequeño grupo ayer en el Estado de México son una afrenta a la sociedad y un atentado contra el Estado de Derecho; ninguna causa puede hacerse valer violentando el orden y la paz social".

ACTOR 3: Apoco más de un mes de la masacre de Atenco, el gobernador del estado de México, Enrique Peña Nieto, afirmó en Nueva York que él había ordenado el operativo de Atenco y dijo que se investigarán "con estricto apego a la ley" los incidentes en ese poblado, pero advirtió contra la *fabricación* de acusaciones, como podría ser el caso de las mujeres violadas por policías, ya que es una táctica de los grupos radicales en estos casos. El gobernador expresó lo siguiente: "Yo diría que, en términos generales, el saldo del *operativo* fue positivo, fue favorable, porque permitió alcanzar el objetivo, que era restablecer el orden. Ni la autoridad ni la población de Atenco podían ser rehenes de los intereses de un grupo que había violentado el estado de derecho..."

ACTOR 1: "No es de nuestra competencia", fue la respuesta de la Comisión Nacional de Derechos Humanos a los abogados de los detenidos durante la represión en San Salvador Atenco. Esto indica que la CNDH actuó como tapadera de los culpables en la represión en Atenco.

ACTOR 2: "Yo hubiera actuado igual que el gobernador Peña Nieto", declaró Felipe Calderón Hinojosa, siendo candidato a la presidencia por el PAN.

ACTOR 3: El 3 de mayo, Televisa y TV Azteca chillaban y pedían a gritos la entrada de la policía... El 4 de mayo, cuando la policía avanzaba contra Atenco, los reporteros de Televisa iban al frente... Después celebrarían el "restablecimiento del estado de derecho"... La mayoría de los medios, junto a los periodistas vendidos y cómplices del gobierno, celebraron el festín de la inusitada represión.

Los actores sacan las rejas del escenario y se quitan los sacos y las corbatas, las actrices avanzan a proscenio.

ESCENA 8: TESTIMONIOS II

ACTRIZ 2: Venía del trabajo cuando vi un camión donde llevaban a los señores y señoras y me quedé parada. Ahí me vieron los policías y uno me dijo: "¿qué me ves?"... Y otro dijo: "súbela por pendeja". Me empezaron a pegar y a preguntar dirección, edad, nombre. Tres de ellos me apartaron porque me querían seguir pegando con patadas y toletazos. Me empezó a agarrar la cara uno de ellos y me metía los dedos en la boca y en la vagina y me obligó a hacerle sexo oral. Me echó su esperma en mi suéter blanco y vino otro policía y lo mismo: me agarró mis pechos y dijo: "ésta está bien buena y está amamantando, tiene los pechos bien buenos y duros, ¿verdad, puta perra?". Me sacaron una foto con los ojos cerrados. Después me obligó a hacerle sexo oral, me echó su esperma en la boca y los escupí en mi suéter. Vino un tercero y me hizo lo mismo y me los echó en mi suéter y me dijo que si quería que me ayudara tenía que ser su puta por un año e irme a vivir a donde él quisiera. Me quitaron mi suéter y no me lo quisieron dar. Llegó un cuarto policía, me manoseó en la vagina y los pechos y quería que le hiciera sexo oral y llegó otro y le dijo: "ya no, güey, porque ya llegamos". Me empezaron a limpiar el pantalón y las manos. Me dieron un cigarro a fumar, pero yo no fumo ni tomo. Me bajaron con los ojos cerrados en el penal de Santiaguito, Almoloya.

ACTRIZ 5: Queremos que sepan los medios que a las 7:30 de la mañana nos detiene la policía municipal de Texcoco. Nos tienen secuestrados en la Subprocuraduría de Texcoco hasta las 9 de la noche... Se nos imputan todos los delitos que ellos cometieron, después de que nos roban, nos dejan, nos humillan... violan nuestras garantías individuales y de trabajo. Hacemos responsable a todos los gobiernos de todo lo que nos pase a todos nosotros. Y de todas aquellas muchachas violadas queremos que se les haga justicia también.

ACTOR 2: Todas fueron violadas, todas venían siendo violadas. Todos los HOMBREs que veníamos en el camión fuimos testigos del abuso que cometieron estatales y preventivos contra las mujeres, y la golpiza que nos dieron a HOMBREs y mujeres.

ACTRIZ 7: ¡Fuimos violadas las mujeres....! Nos acaban de presentar apenas ante la prensa, ya nos bañaron y nos dieron ropa nueva, nos quitaron la ropa ensangrentada. Fuimos violadas, fuimos golpeados y golpeadas todos nuestros compañeros y yo. Fuimos despojados de nuestras todas pertenencias, fuimos robados.... nuestro dinero, nuestras carteras..... Fuimos violentados muy brutalmente. Fuimos violadas las mujeres, no hemos recibido atención médica especializada, no hemos recibido medicamento. Por favor denuncien esto.

ACTOR 1: Muchos HOMBREs fuimos testigos de las violaciones, incluso de las extranjeras como las españolas, la alemana y la chilena, fueron violadas. Yo también fui golpeado, oiga. Fui golpeado en el camión y aquí al entrar al penal y me amenazaron que me iban a meter el dedo y que me iban a violar aquí, eso deberían de reportarlo. Y mire nomás cómo me golpearon, sin deberla, mire.... ¿Eso es justo, qué estemos aquí? ¡Queremos justicia! Estamos mucha gente inocente aquí, de veras. Y luego a la alemana, así como dijo aquí el compañero, la iban manoseando, le quitaron sus cosas y ella dijo que se las devolvieran y le decían que si las quería se las iban a pasar ya sabes por dónde.

ACTRIZ 4: Hay personas que no estuvimos en el lugar de los hechos, y aún así fuimos subidos en los camiones, en los que los estatales nos trasladaron hasta aquí.... Nos iban golpeando, iban diciendo que "no buscaban quién se las había hecho, sino quién se las pagara".

ACTOR 3: Yo soy obrero telefonista, 30 años trabajando para

Teléfonos de México, no soy delincuente. Soy luchador social... y no era para que nos traten así. Fuimos golpeados brutalmente.

ACTRIZ 6: Mi esposo no camina muy bien, ni habla muy bien, nos sacaron de la casa y lo trajeron..... Cuatro años casi para rehabilitarlo ¿para ahora casi perderlo? ¡¡¡No se puede con tanta injusticia!!!

ACTOR 2: Las venían sofocando a las compañeras, la venían ahogando. Sí. Nos traían como animales... ni siquiera tuvieron la dignidad de acomodarnos, como cayéramos, nos aventábamos.

ACTRIZ 3: Pedimos que entre todos los mexicanos dignos no volvamos a permitir que se den estos salvajismos. Si alguien cometió un delito, que se le siga conforme a las leyes. ¡Imagínense todo empezó porque querían desalojar a compañeros vendedores de flores en el mercado! Ahora las flores serán para nuestro difunto.

ACTOR 1: Dicen que somos unos revoltoso y delincuentes. Nosotros sólo buscamos un trabajo digno y honesto, nos lo hemos ganado con el trabajo de cada día, con el sudor de su frente. No somos ningunos revoltoso, sólo queremos trabajo, que no nos orillen a la delincuencia... eso es a lo que orilla el gobierno.

ACTRIZ 1: Nos tuvieron más de cuarenta y tantas horas sin saber por qué se nos acusaba. ¡La brutalidad no sólo es policiaca, también es legal, los cargos son exagerados, son delitos inventados para justificar la violenta represión del estado! No hay argumentos para mantenernos encerrados, no hay pruebas, solamente la línea del gobierno para acallar a todos aquellos que se atreven a cuestionar su autoridad y su brutalidad.

ACTOR 3: La solidaridad es un delito en este país, de apoyar a la gente que están marginando, que están golpeando en este país, y es castigada con la cárcel; sumarse con las causas justas de nuestro pueblo como estudiantes, es por eso que estamos aquí.

Todos salen. Quedan las actrices 1 y 2. Música que acompaña a cada poema.
ESCENA 9: POEMAS

ACTRIZ 1 y 2: "Sueño de Atenco".
ACTRIZ 1 (*tras pausa*): Soy el infinito
ACTRIZ 2: Soy Eva
ACTRIZ 1: Soy el mar
ACTRIZ 2: Lilith
ACTRIZ 1: Soy una pintura

ACTRIZ 2: Soy Frida…

ACTRIZ 1: Bañada en mi sangre renazco mes a mes y día a día.

ACTRIZ 2: Yo soy la luna

ACTRIZ 1: Y soy como ninguna

ACTRIZ 2: Soy un poema

ACTRIZ 1: Sor Juana

ACTRIZ 2: Soy una receta

ACTRIZ 1: Mi abuela

ACTRIZ 2: Y soy una canción

ACTRIZ 1: De cuna…

ACTRIZ 2: Un grito de dolor que se transforma en un susurro de esperanza.

ACTRIZ 1: Una voz que al viento se levanta.

ACTRIZ 2: Una oración que en la plaza de la noche dice adiós al silencio.

ACTRIZ 1: Me rezo a mí misma

ACTRIZ 2: Yo soy la mujer, la virgen desvirgada.
De ideales y de ideas me pretenden mutilada.

ACTRIZ 1: Pero merezco ser querida y respetada.

ACTRIZ 2: Merezco ser escuchada.

ACTRIZ 1: Yo soy un planeta, yo soy un país y soy el pueblo.
Soy la tierra sembrada de semen y estiércol.

ACTRIZ 2: Soy una casa deshabitada de sí para recibir como huésped al miedo.

ACTRIZ 1, ACTRIZ 2: Y no… ¡No lo acepto! ¡No lo quiero!

ACTRIZ 1: Yo soy una hija, soy una hermana y seré una madre.

ACTRIZ 2: Yo soy limpia o sucia, soy blanca, morena, negra…

ACTRIZ 1: Buena y mala, santa o puta.

ACTRIZ 2: Mexicana, colombiana, chilena, japonesa, argentina, somalí…

ACTRIZ 1: Española, sudafricana, hindú, gringa, griega, guatemalteca….

ACTRIZ 2: Iraquí, rusa, portuguesa, inglesa, china, cubana y guaraní.

ACTRIZ 1: Sólo soy una mujer que pide estar bien.

ACTRIZ 1, ACTRIZ 2: Lo pido ahora y lo pido aquí.

ACTRIZ 2: Quiero al HOMBRE como amigo no como dueño.
Y aunque esa luz parezca lejana no cesará mi empeño.

ACTRIZ 1: Soy el infinito, soy el mar, soy una pintura…

ACTRIZ 2: Podrían secuestrar mi cuerpo pero no mis sueños.

ACTRIZ 1: Escucha Atenco, escucha atento…

ACTRIZ 2: Yo soy un planeta, yo soy un país y soy un pueblo…

ACTRIZ 1: Para hacerlo realidad debo seguir luchando, debo seguir creyendo.

ACTRIZ 2: Escucha Atenco, escucha atento…

ACTRIZ 1, ACTRIZ 2: ¡Sigo creyéndolo![83]

Entra la actriz 6.

ACTRIZ 6: Brota a chorros una gota
y miles se cristalizan en la luz del sol
y cantan el agua y la lluvia:
una canción de libertad
y no hay lágrimas.
Todo nos puede ser ajeno
menos la vida de un joven
que grita: Justicia[84].

Entra el actor 2.

ACTOR 2: Rezan, todos rezan a la cruz,
a la morena de manto estelar,
hincados oran, hora tras hora.
El lamento crece,
el murmullo se alza
zumbido de abeja persistente,
voz de taladro fiel,
canto de sirena violada[85].

Entra la actriz 7.

ACTRIZ 7: El miedo se ha infiltrado en nuestras vidas
de una manera tan constante
que nos hemos acostumbrado a sentirlo.
Hay miedo, no sólo en las mujeres
evidentemente agraviadas,

---

[83] Juan Ríos Cantú, "Sueño de Atenco"
[84] Reyna Barrera*
[85] Pablo Reyna*

las de Ciudad Juárez, las de Atenco,
las de cualquier otro lugar en México
sino en todas y en cada una de nosotras.[86]

Entra el actor 1.

ACTOR 1: Busquemos a las desaparecidas
entre las aguas y sus médanos
donde siempre sobra la basura
Busquemos a las violadas
en la construcción geológica
de nuestros hogares
entre las dunas blancas
y la arena fresca
y el calcio de sus huesos.[87]

Entra la actriz 5.

ACTRIZ 5: Le pese a quien le pese.
Su mirada estará presente en todos los futuros
en todas las manchas infinitas
en la inevitable lucha por una sociedad libre.
Ondean las banderas de colores
se entrecruzan los machetes.
Hoy es el presente.[88]

Entra la actriz 4.

ACTRIZ 4:
"El Trayecto".
(*Pausa*) Aquí estamos: rotas, dolorosas, amontonadas.
La sangre es el vestido de gala que nos pusieron en la fiesta del "estado
de derecho"
la alfombra roja que conduce a la prisión.
¿Aquí estamos? Hijas, madres, hermanas, Mujeres.
Están también los cuerpos

---

[86] Liliana Esparsa*
[87] Armando Rojas*
[88] Reyna Barrera*

sus mierdas, sus armas, sus sucias lenguas, sus rojas manos
su tanta estupidez.
Todo podría caber en esta sucia camioneta.
Todo, menos el miedo.
Y se vino de paso y se fue.
Se nos quedaron la rabia, la indignación,
el valor y la certeza
de que mañana
aun detrás de las rejas o en el exilio
se sabrá esta historia y
se dará castigo a los culpables[89].

Entra el actor 3.

ACTOR 3: "Ríos de Sangre", en homenaje a Alexis Benhumea:
(*Pausa*) Al amanecer la policía entró devastando al pueblo.
Ayer un joven falleció en la pureza de su lucha más preciada
Hoy tu recuerdo no es rabia, es soledad,
es tu familia en el hospital mirando tu cuerpo silenciado,
las mujeres secuestradas de sus casas
en una ráfaga de sábanas violentas,
es la cobija del campesino que pide justicia
y recibe palos y más palos
en la habitación vacía de este país
cuyo viento helado recorre los caminos
con sus ríos de sangre[90].

Entra la actriz 3.

ACTRIZ 3: El miedo se ha infiltrado en nuestras vidas
de una manera tan constante
que nos hemos acostumbrado a sentirlo.
Hay miedo, no sólo en las mujeres
evidentemente agraviadas,
las de Ciudad Juárez, las de Atenco,
las de cualquier otro lugar en México

---

[89] Edna Ochoa*
[90] Leticia Luna*

sino en todas y en cada una de nosotras[91].

Todas las actrices caen al piso; quedan los tres actores de pie.

ACTOR 1: "Pesadilla de Atenco":
ACTOR 2 (*tras pausa*): El HOMBRE Juan miró
hacia la cáscara renegrida de aquel cielo
harapos de luces descolgaban
como banderas de sangre resurrecta.
ACTOR 3: Un HOMBRE Juan estuvo en un sitio
abrazado por la ceniza de aquel cielo negro
y ya no mira lo que miró.
ACTOR 1: Otro, un HOMBRE Pedro levanta un pie como un garrote
como un hacha de tela, de cuero, de fierro, de hule
caen las piernas de seguimiento del inicio agresivo.
ACTOR 2: Cae, golpea, machaca, castiga, lastima, lesiona quebranta
dulces entrepiernas, torsos dormidos
ACTOR 3: Narices sorprendidas, ojos fatigados
senos, cartílagos
ACTOR 1: Pelos de arriba y pelos de abajo
secretas verrugas, lunares ofuscados
ACTOR 2: Y tripas y cacas expulsadas de íntimas camisas
y pantalones desmadrándose.
ACTOR 3: Un HOMBRE Pedro limpia con sus manos y sus trapos
la bragueta, el semen triunfante, las gotas ennegrecidas de jóvenes sangrantes
los palos destructores de cabezas, las armas de extranjero metal
hediondas y asesinas.
ACTOR 1: Un HOMBRE Pedro, multiplicado en tres mil Pedros
tal vez en Vicentes y Wilfridos,
Davides, Alejandros, Ardelios.
Todos sí, ahora mirando, mirándose en el cumplido sueño de la bestia
peor.[92]

Fin de la música.

---

[91] Liliana Esparsa*
[92] Saúl Ibargoyen*

INTERVENCIÓN POR AYOTZINAPA

INTERVENCIÓN POR AYOTZINAPA

Para 2 actores y 1 actriz (o más y se reparten los textos).

TODOS (*se reparten y repiten estos diálogos para llamar la atención de la audiencia*): ¿Dónde están? / ¿Quién se los llevó? / ¿Quién los mató? / ¡Ni una muerta más! / ¡Pienso, luego me desaparecen! / ¡México no es fosa clandestina! / ¡Vivos se los llevaron, vivos los queremos! / ¡Fue el Estado! / ¡Alto a la impunidad!

Se hace el silencio.

ACTOR 1: Porque ellos y ellas tienen nombres.

ACTOR 2: Porque ellas y ellos tienen rostros.

Actriz: Porque cuando los nombramos, permanece viva su memoria.

ACTOR 1:: Porque cuando los miramos, los hacemos presentes.

ACTOR 2:: Porque ellas y ellos nos faltan a todos.

Traen las fotos de las personas que van nombrando, o de los acontecimientos referidos, y las van mostrando a la audiencia.

ACTRIZ: Yo soy Lilia Alejandra. Un día salí de mi casa y no regresé jamás. Fui secuestrada, violada, torturada y asesinada. Yo soy una de las miles de niñas y mujeres masacradas en Ciudad Juárez y el resto del país.

ACTOR 1: Mi nombre es Vicente. Diez HOMBREs, veinte mujeres y quince niños, indígenas tzotziles, miembros de la organización "Las Abejas", fuimos masacrados mientras rezábamos en la iglesia de Acteal.

ACTRIZ: Yo me llamo doña Ernestina Ascencio, indígena nahua de 73 años, de la sierra de Zongolica, Veracruz. Fui violada y asesinada por varios militares. Pero la Procuraduría General de Justicia del Estado de Veracruz determinó que mi muerte fue causada "por parasitosis".

ACTOR 2:: Mi nombre es Alexis Benhumea, estudiante de la UNAM. La mañana del 4 de mayo de 2006, cuando la policía atacó al poblado de San Salvador Atenco, me dispararon un proyectil en la cabeza. Permanecí un mes en coma y morí.

ACTRIZ: Yo me llamo Susana Chávez, poeta y activista de Ciudad Juárez. De mi mano nació la frase *"Ni una muerta más"*. Fui asesinada al igual que cientos de mujeres víctimas de los feminicidios.

ACTOR 2:: Yo soy Brad Will, periodista independiente norteamericano. Con mi propia cámara grabé a los asesinos que me dieron muerte en las barricadas de Calicanto, en Oaxaca.

ACTRIZ:: Él se llama Andrés Alonso. Era nuestro hijo, un niño deseado y muy querido. Murió junto con otros 48 bebés en aquel día que nunca debió existir, el 5 de junio de 2009, en la Guardería ABC de Hermosillo, Sonora.

ACTOR 1:: Mi nombre es Jesés Alberto. 64 mineros y yo fuimos enterrados vivos en un accidente en la mina de carbón de Pasta de Conchos. Nuestros restos aún yacen bajo la mina en San Juan Sabinas, Coahuila.

ACTRIZ:: Yo soy Digna Ochoa, abogada y defensora de derechos humanos. Las autoridades dicen que me suicidé. Todos saben que fui asesinada.

ACTOR 2:: Mi nombre es Jyri Jaakkola, activista de derechos humanos finlandés. Junto con Bety Cariño fui asesinado por paramilitares cuando íbamos en una caravana rumbo a la comunidad indígena independiente de San Juan Copala.

ACTRIZ: Yo me llamo Marisela Escobedo. A mi hija Rubí, de 16 años, su novio le arrancó la vida. ¡Todos lo vieron!: yo fui asesinada frente al palacio de gobierno en Chihuahua mientras exigía justicia para mi hija.

ACTOR 1:: Yo soy Julio César Mondragón, estudiante normalista de Ayotzinapa, de 22 años. Me arrancaron los ojos y me desollaron la cara mientras permanecía vivo. A 43 compañeros míos se los llevó la policía. Dicen que fueron quemados vivos y enterrados en fosas.

ACTRIZ:¿Por qué se los llevaron?

ACTOR 2:: ¿Dónde están?

ACTRIZ:: ¿Dónde están? ¡¿Dónde están?!

Actriz: Todos estos crímenes y cientos más permanecen en la más absoluta impunidad.

ACTOR 1:: Por eso hay que nombrarlos, para mantener vivo su recuerdo.

Actriz: Si los nombramos, ellos y ellas existen.

ACTOR 2:: Porque no vamos a reducirlos a cifras ni a estadísticas.

Actriz: Para que se "siente la justicia entre nosotros[93]" y no permitamos el olvido.

ACTOR 1:: De esta forma nos arrancaremos el odio, la impotencia, la rabia, la indignación y la vergüenza.

ACTRIZ:: Porque nos hacen falta todos y cada uno de ellos y de ellas.

---

[93] Rosario Castellanos

ACTOR 2:: Y miles más que debemos nombrar.

ACTRIZ:: Para que no quede impune ninguno de estos crímenes.

TODOS: ¡Justicia! ¡Justicia!

ACTOR 1:: Para que no sea yo el siguiente.

ACTRIZ:: Ni yo.

ACTOR 2:: Ni yo.

ACTOR 1:: Ni tú.

ACTRIZ:: Ni usted.

ACTOR 2:: Ni ustedes.

ACTOR 1:: Ninguno de nosotros.

ACTRIZ: En México los muertos "cuestan menos que la bala que los mata[94]".

ACTOR 2:: En México se violan los derechos humanos de lunes a domingo.

- FIN -

Humberto Robles

copyleft

Copyleft (Creative Commons)

---

[94] Eduardo Galeano

ACERCA DEL AUTOR

Humberto Robles

Nació en la Ciudad de México el 9 de noviembre de 1965.

Es dramaturgo y guionista independiente; también ha dirigido sus propias obras de teatro en México, Uruguay, España y Colombia.

Sus obras han sido montadas en 25 países, en tres continentes, y algunas han sido traducidas al italiano, inglés, portugués, francés, alemán y polaco.

Ha recibido cinco premios como dramaturgo: el Primer lugar del X Premio de la Fundación La Barraca de Venezuela, y cuatro nacionales, entre ellos el Premio Nacional de Dramaturgia "Emilio Carballido" 2014.

Actualmente es considerado el dramaturgo mexicano vivo más representado internacionalmente.

También ha trabajado como guionista y adaptador en telenovelas como "Gente Bien", "Ramona"; "El Sexo Débil" producida por Argos TV; "Por ella soy Eva", "Que pobres tan ricos" y "Antes muerta que Lichita" producidas por Rosy Ocampo. Ha escrito guiones para TeleSur y Canal 11.

Paralelamente colabora con varias organizaciones de derechos humanos.

Página web: http://www.humbertorobles.com

Artículo en la Wikipedia:
http://es.wikipedia.org/wiki/Humberto_Robles

Email: humberto.robles@gmail.com

35082723R00063

Made in the USA
San Bernardino, CA
14 June 2016